POÉSIES COMPLÈTES

DU MÊME AUTEUR

MÊME ÉDITEUR

Les Illuminations, Une Saison en Enfer. . .   3 50

TIRAGE DE LUXE :

25 exemplaires numérotés sur Hollande, 6 fr.

DE CE LIVRE IL A ÉTÉ TIRÉ

25 exemplaires numérotés sur vergé de Hollande.

Arthur
Rimbaud
juin 1872
P. V.

de Mémoire

ARTHUR RIMBAUD

POÉSIES

COMPLÈTES

AVEC PRÉFACE DE PAUL VERLAINE

ET NOTES DE L'ÉDITEUR

PARIS
LÉON VANIER, LIBRAIRE-ÉDITEUR
19, QUAI SAINT-MICHEL, 19

1895

Tous droits réservés.

PRÉFACE

ARTHUR RIMBAUD

SES POÉSIES COMPLÈTES

A mon avis tout à fait intime, j'eusse préféré, en dépit de tant d'intérêt s'attachant intrinsèquement, presque aussi bien que chronologiquement, à beaucoup de pièces du présent recueil, que celui-ci fût allégé pour, surtout, des causes littéraires : trop de jeunesse décidément, d'inexpériences mal savoureuses, point d'assez heureuses naïvetés. J'eusse, si le maître, donné juste un dessus de panier, quitte à regretter que le reste dût disparaître, ou, alors, ajouté ce reste à la fin du livre, après la table des matières et sans table des matières quant à ce qui l'eût concerné, sous la rubrique « pièces attribuées à l'auteur », encore excluant de cette, peut-être trop indulgente déjà, hospitalité les tout à fait apocryphes sonnets publiés, sous le nom glorieux et désormais révérend, par de spirituels parodistes.

Quoi qu'il en soit, voici, seulement expurgé des apocryphes en question et classé aussi soigneusement que possible par ordre de dates, mais, hélas! privé de trop de choses qui furent, aux déplorables fins de puériles et criminelles rancunes, sans même d'excuses suffisamment bêtes, confisquées, confisquées? volées! pour tout et mieux dire, dans les tiroirs fermés d'un absent, — voici *le livre des poésies complètes d'Arthur Rimbaud*, avec ses additions inutiles à mon avis et ses déplorables mutilations irréparables à jamais, il faut le craindre.

Justice est donc faite, et bonne et complète ; car en outre du présent fragment de l'ensemble, il y a eu des reproductions par la Presse et la Librairie des choses en prose si inappréciables, peut-être même si supérieures aux vers, dont quelques-uns pourtant incomparables, que je sache!

Ici, avant de procéder plus avant dans ce très sérieux et très sincère et pénible et douloureux travail, il me sied et me plaît de remercier mes amis Dujardin et Kahn, Fénéon, et ce trop méconnu, trop modeste Anatole Baju, de leur intervention en un cas si beau, mais, à l'époque, périculeux, je vous l'assure, car je ne le sais que trop.

Kahn et Dujardin disposaient néanmoins de revues jeunes et d'aspect presque imposant, un peu d'outre-Rhin et parfois, pour ainsi dire, pédantesques ; depuis il y a eu encore du plomb dans l'aile de ces périodiques changés de direction — et Baju, naïf, eut aussi son influence, vraiment.

Tous trois firent leur devoir en faveur de mes efforts pour Rimbaud, Baju avec le tort, peut-être inconscient, de publier, à l'appui de la bonne thèse, des gloses farceuses de gens de talent et surtout d'esprit qui auraient mieux fait certainement de travailler pour leur compte, qui en valait, je le leur dis en toute sincérité,

La peine assurément !

Mais un devoir sacré m'incombe, en dehors de toute diversion même quasiment nécessaire, vite. C'est de rectifier des faits d'abord — et ensuite d'élucider un peu la disposition, à mon sens, mal littéraire, mais conçue dans un but tellement respectable! du présent volume des *Poésies complètes d'Arthur Rimbaud*.

On a tout dit, en une préface abominable que

la Justice a châtiée, d'ailleurs, par la saisie, sur la requête d'un galant homme de qui la signature avait été escroquée, M. Rodolphe Darzens, on a dit tout le mauvais sur Rimbaud, homme et poète.

Ce mauvais-là, il faut malheureusement, mais carrément, l'amalgamer avec celui qu'a écrit, pensé sans nul doute, un homme de talent dans un journal d'irréprochable tenue. Je veux parler de M. Charles Maurras et en appeler de lui à lui mieux informé.

Je lis, par exemple, ceci de lui, M. Charles Maurras :

— « Au dîner du Bon Bock, » or il n'y avait pas, alors, de *dîner du Bon Bock* où nous allassions, Valade, Mérat, Silvestre, quelques autres Parnassiens et moi, ni par conséquent Rimbaud avec nous, mais bien un dîner mensuel des *Vilains Bonshommes*, fondé avant la guerre de 1870, et qu'avaient honoré quelquefois de leur présence, Théodore de Banville et, de la part de Sainte-Beuve, le secrétaire de celui-ci, M. Jules Troubat. Au moment dont il est question, fin 1871, nos « assises » se tenaient au premier étage d'un marchand de vins établi au coin de la rue Bonaparte et de la place Saint-Sulpice, vis-à-vis d'un libraire d'occasion (rue Bonaparte) et (rue du Vieux-Colombier) d'un négociant en objets religieux. — « Au dîner du Bon Bock, dit donc M. Maurras, ses reparties (à Rimbaud) causaient de grands scandales. Ernest d'Hervilly le rappelait en vain à la raison. CARJAT LE MIT A LA PORTE. Rimbaud attendit *patiemment* à la porte et Carjat reçut à la sortie un « bon » (je retiens « bon ») coup de canne à épée DANS LE VENTRE. »

Je n'ai pas à invoquer le témoignage de d'Hervilly qui est un cher poète et un cher ami, parce qu'il n'a jamais été plus l'auteur d'une intervention absurdement inutile que l'objet d'une insulte ignoble publiée sans la plus simple pudeur, non plus que sans la moindre conscience du faux ou du vrai, dans la préface de l'édition Genonceaux, ni celui de M. Carjat lui-même, par trop juge et partie, ni celui des encore assez nombreux survivants d'une scène assurément peu glorieuse pour Rimbaud, mais démesurément grossie et dénaturée jusqu'à la plus complète calomnie.

Voici donc un récit succinct, mais vrai jusque dans le moindre détail, du « drame » en question : ce soir-là, aux *Vilains Bonshommes*, on avait lu beaucoup de vers après le dessert et le café. Beaucoup de vers, même à la fin d'un dîner (plutôt modeste), ce n'est pas toujours des moins fatigants; particulièrement quand ces vers sont un peu bien déclamatoires comme ceux dont *vraiment* il s'agissait (et non de vers du bon poète Jean Aicard). Ces vers étaient d'un monsieur qui faisait beaucoup de sonnets à l'époque et de qui le nom m'échappe.

Et, sur le début suivant, après passablement d'autres choses d'autres gens,

> *On dirait des soldats d'Agrippa d'Aubigné*
> *Alignés au cordeau par Philibert Delorme...*

Rimbaud eut le tort incontestable de protester d'abord entre haut et bas contre la prolongation d'à la fin abusives récitations. Sur quoi M. Etienne Carjat, le photographe-poète de qui le récitateur était l'ami littéraire et artistique, s'interposa trop vite et trop vivement à mon gré, traitant l'interrupteur de gamin. Rimbaud qui ne savait supporter la boisson, et que l'on avait contracté, dans ces « agapes » pourtant modérées, la mauvaise habitude de gâter au point de vue du vin et des liqueurs, — Rimbaud qui se trouvait gris, prit mal la chose, se saisit d'une canne à épée à moi qui était derrière nous, voisins immédiats et, pardessus la table large de près de deux mètres, dirigea vers M. Carjat qui se trouvait en face ou tout comme, la lame dégainée qui ne fit pas heureusement de très grands ravages, puisque le sympathique ex-directeur du *Boulevard* ne reçut, si j'en crois ma mémoire qui est excellente dans ce cas, qu'une éraflure très légère à une main.

Néanmoins l'alarme fut grande et la tentative très regrettable, vite et plus vite encore réprimée. J'arrachai la lame au furieux, la brisai sur mon genou et confiai, devant rentrer de très bonne heure chez moi, le « gamin », à moitié dégrisé maintenant, au peintre bien connu, Michel de l'Hay, alors déjà un solide gaillard en outre d'un tout jeune homme des plus remarquablement beaux qu'il soit donné de voir, qui eut tôt fait de reconduire à son domicile de la rue Campagne-Première, en le chapitrant d'importance, notre jeune intoxiqué, de qui l'accès de colère ne tarda pas à se dissiper tout à fait, avec les fumées du vin et de l'alcool, dans le sommeil réparateur de la seizième année.

Avant de « lâcher » tout à fait M. Charles Maurras, je lui demanderai de s'expliquer sur un malheureux membre de phrase de lui me concernant.

A propos de la question d'ailleurs subsidiaire de

savoir si Rimbaud était beau ou laid, M. Maurras qui ne l'a jamais vu et qui le trouve laid, d'après des témoins « plus rassis » que votre serviteur, me blâmerait presque, ma parole d'honneur! d'avoir dit qu'il avait (Rimbaud) un visage parfaitement ovale d'ange en exil, une forte bouche rouge au pli amer et (*in caudâ venenum!*), des « jambes sans rivales ».

Çà c'est idiot sans plus, je veux bien le croire, sans plus. Autrement, quoi? Voici toujours *ma* phrase sur les jambes en question, extraite des *Hommes d'aujourd'hui*. Au surplus, lisez toute la petite biographie. Elle répond à tout d'*avance*, et coûte deux sous.

« ... Des projets pour la Russie, une anicroche à Vienne (Autriche), quelques mois en France, d'Arras et Douai à Marseille, et le Sénégal, vers lequel bercé par un naufrage ; puis la Hollande, 1879-80 ; vu décharger des voitures de moisson dans une ferme à sa mère, entre Attigny et Vouziers, et arpenter ces routes maigres de ses « JAMBES SANS RIVALES ».

Voyons, M. Maurras, est-ce bien de bonne foi votre confusion entre infatigabilité... et autre chose ?

— Ouf! j'en ai fini avec les petites (et grosses)

infamies qui, de régions prétendues uniquement littéraires, s'insinueraient dans la vie privée pour s'y installer; et veuillez, lecteur, me permettre de m'étendre un peu, maintenant qu'on a brûlé quelque sucre, sur le pur plaisir intellectuel de vous parler du présent ouvrage qu'on peut ne pas aimer, ni même admirer, mais qui a droit à tout respect en tout consciencieux examen?

On a laissé les pièces objectionables au point de vue bourgeois, car le point de vue chrétien et surtout catholique me semble supérieur et doit être écarté, — j'entends, notamment, les *Premières Communions* et les *Pauvres à l'église* (pour mon compte, j'eusse négligé cette pièce brutale ayant pourtant ceci qui est très beau,

..... Les malades du foie
Font baiser leurs longs doigts jaunes aux bénitiers.

Quant aux *Premières Communions* dont j'ai sévèrement parlé dans mes *Poètes maudits* à cause de certains vers affreusement blasphémateurs, c'est si beau aussi,... n'est-ce pas? à travers tant de coupables choses... pourtant!

Pour le reste de ce que j'aime parfaitement, le *Bateau ivre*, les *Effarés*, les *Chercheuses de poux* et, bien après, les *Assis*, aussi, parbleu! cet un

b.

peu fumiste, mais si extraordinairement miraculeux de détails, *Sonnet des Voyelles* qui a fait faire à M. René Ghill de si cocasses théories, et l'ardent *Faune*, c'est parfait de fauves, — en liberté ! et encore une fois, je vous le présente, ce « numéro », comme autrefois dans ce petit journal de combat, mort en pleine brèche, *Lutèce*, de tout mon cœur, de toute mon âme et de toutes mes forces.

On a cru devoir, évidemment dans un but de réhabilitation qui n'a rien à voir ni avec la vie très honorable ni avec l'œuvre très intéressante, faire s'ouvrir le volume par une pièce intitulée *Etrennes des Orphelins*, laquelle assez longue pièce, dans le goût un peu Guiraud avec déjà des beautés tout autres. Ceci qui vaut du Desbordes-Valmore :

Les tout petits enfants ont le cœur si sensible!
. . . .

Cela :

La bise sous le seuil a fini par se taire,

qui est d'un net et d'un vrai, quant à ce qui concerne un beau jour de premier janvier ! Surtout une facture solide, même un peu trop, qui dit l'extrême jeunesse de l'auteur quand il s'en servit d'après la formule parnassienne exagérée.

On a cru aussi devoir intercaler de gré ou de force un trop long poème : *Le Forgeron*, daté (!) *des Tuileries, vers le* 10 *août* 1792, où vraiment c'est par trop démoc-soc par trop démodé, même en 1870, où ce fut écrit; mais l'auteur, direz-vous, était si, si jeune! Mais, répondrais-je, était-ce une raison pour publier cette chose faite à coups de « mauvaises lectures » dans des manuels surannés ou de trop moisis historiens ? Je ne m'empresse pas moins d'ajouter qu'il y a là encore de très remarquables vers. Parbleu! avec cet être-là!

Cette caricature de Louis XVI, d'abord :

Et prenant ce gros-là dans son regard farouche.

Cette autre encore :

Or le bon roi, debout sur son ventre, était pâle.

Ce cri bien dans le ton juste, trop rare ici :

On ne veut pas de nous dans les boulangeries.

Néanmoins j'avoue préférer telles pièces purement jolies, mais alors très jolies, d'une joliesse sauvageonne ou sauvage tout à fait alors presque aussi belles que les *Effarés* ou que les *Assis*.

Il y a, dans ce ton, *Ce qui retient Nina*, vingt-neuf strophes, plus de cent vers sur un rhythme sautilleur avec des gentillesses à tout bout de champ :

> *Dix-sept ans ! tu seras heureuse !*
> *O les grands prés,*
> *La grande campagne amoureuse !*
> *— Dis, viens plus près !...*
>
> . . . .
>
> *Puis comme une petite morte*
> *Le cœur pâmé.*
> *Tu me dirais que je te porte*
> *L'œil mi-fermé...*

Et, après la promenade au bois... et la résurrection de la *petite morte*, l'entrée dans le village où *ça sentirait le laitage*, une étable pleine d'un *rhythme lent d'haleines et de grands dos;* un intérieur à la Téniers :

> *Les lunettes de la grand'mère*
> *Et son nez long*
> *Dans son missel....*
>
> . . . .

Aussi la *Comédie en trois baisers :*

> . . . .
>
> *Elle était fort déshabillée*
> *Et de grands arbres indiscrets*
> *Aux vitres penchaient leur feuillée*
> *Malinement, tout près, tout près.*

Sensation, où le poète adolescent va loin, bien loin, « comme un bohémien »,

Par la nature, heureux comme avec une femme...

Roman :

On n'est pas sérieux quand on a dix-sept ans.

Ce qu'il y a d'amusant, c'est que Rimbaud, quand il écrivait ce vers, n'avait pas encore seize ans. Evidemment il se « vieillissait » pour mieux plaire à quelque belle... de, très probablement, son imagination.

Ma Bohème, la plus gentille sans doute de ces gentilles choses :

Comme des lyres je tirai les élastiques
De mes souliers blessés, un pied près de mon cœur...

Mes *Petites amoureuses*, les *Poètes de sept ans*, frères franchement douloureux des *Chercheuses de poux* :

Et la mère fermant le livre du devoir
S'en allait satisfaite et très fière sans voir
Dans les yeux bleus et sous le front plein d'éminences
L'âme de son enfant livrée aux répugnances.

. . . .

Quant aux quelques morceaux en prose qui terminent le volume, je les eusse retenus pour les publier dans une nouvelle édition des œuvres en prose. Ils sont d'ailleurs merveilleux, mais tout à fait dans la note des *Illuminations* et de la *Saison en Enfer*. Je l'ai dit tout à l'heure et je sais que je ne suis pas le seul à le penser : le Rimbaud en prose est peut-être supérieur à celui en vers...

J'ai terminé, je crois avoir terminé ma tâche de préfacier. De la vie de l'homme j'ai parlé suffisamment ailleurs. De son œuvre je reparlerai peut-être encore.

Mon dernier mot ne doit être, ici, que ceci : Rimbaud fut un poète mort jeune (à dix-huit ans, puisque, né à Charleville le 20 octobre 1854, nous n'avons pas de vers de lui postérieurs à 1872), mais vierge de toute platitude ou décadence — comme il fut un homme mort jeune aussi (à trente-sept ans, le 10 novembre 1891, à l'hôpital de la Conception, de Marseille), mais dans son vœu bien formulé d'indépendance et de haut dédain de n'importe quelle adhésion à ce qu'il ne lui plaisait pas de faire ni d'être.

Paul VERLAINE.

NOTES DE L'ÉDITEUR

Paul Verlaine disait en 1884 dans ses Poètes maudits en parlant d'Arthur Rimbaud : « Une œuvre complète ne peut que paraître plus tard. »
C'est cette œuvre que nous terminons aujourd'hui en publiant les *Poésies Complètes* d'Arthur Rimbaud, après avoir réuni en un premier volume : Les Illuminations suivies de Une saison en Enfer.
La malencontreuse édition des poésies de cet auteur parue en 1891 sous le titre de Reliquaire qui contenait autant d'incorrections typographiques et littéraires que d'inexactitudes biographiques, fut saisie chez l'éditeur. Celui-ci n'avait eu, du reste, d'autre peine que de s'emparer du projet d'un confrère ; et tout est bien qui finit bien.
Le *Limaçon*, repris plus tard par Laurent Tailhade dans son livre *au Pays du Mufle*, *Doctrine*, *les Cornues* qui parurent dans le *Décadent* avec la signature de Rimbaud, sont, pour ces derniers sonnets, de Maurice du Plessys.
Les *Etrennes des Orphelins*, longue pièce de vers inédite, ou presque, parue dans la *Revue pour tous* du 2 janvier 1870 et soigneusement copiée à la Bibliothèque Nationale, ouvre ce livre pour lequel nous avons suivi l'ordre des citations des Poètes Maudits, puis vient le fameux *Sonnet des Voyelles*, qui fit tant de bruit et rendit célèbre le poète le plus indifférent à toute gloire littéraire.
Cette période de production remonte à son extrême jeunesse, c'est-à-dire de 1870 à 1872. A défaut des conseils de l'auteur qui nous auraient été si précieux, nous avons classé les poésies chronologiquement.
Quelques pièces inédites : *Patience, Jeune Ménage, Mémoire, Fêtes de la Faim* nous ayant été cédées par M. Grolleau, gérant de la *Nouvelle Revue Indépendante* et les ayant reconnues authentiques, nous les avons publiées à la fin, car

elles portent la date de 1872 et peuvent être considérées comme les toutes dernières de l'auteur.

Quelques poèmes en prose ; *Fairy*, *Guerre*, *Génie*, *Jeunesse*, *Solde*, inédits aussi, variantes ou suites aux *Illuminations*, viennent clore définitivement ce volume, qui n'est pas un choix de vers, mais le recueil jusqu'ici *le plus complet et le plus sérieux*.

Quelques pièces : *les Premières Communions, le Forgeron, Michel et Christine, Paris se repeuple*, non les meilleures, expriment des idées et des sentiments absolument contraires à ceux que l'auteur eut dans la seconde période de sa vie qui fut toute différente de son orageuse jeunesse, car Arthur Rimbaud mourut comme un saint avec une foi convaincue et des épanchements d'un mysticisme étonnant, disait le prêtre qui l'a assisté.

Au Harar (Afrique orientale) où il avait établi un comptoir pour faire le commerce du café et de l'ivoire puis en moindres proportions de l'encens et de l'or en lingots, etc., il avait acquis une réputation d'habileté et de probité commerciale.

Les indigènes qui l'adoraient l'avaient surnommé « La Juste Balance » à cause de sa sagesse et sa grande charité. Il fut l'ami intime de l'explorateur Paul Soleillet et la Société de géographie lui fit des avances pour l'engager à publier des récits et descriptions de ses voyages. La mort ne lui laissa pas le temps de réaliser les espérances de ses amis. Les fatigues excessives et une tendance particulière au climat de ces pays développèrent une tumeur arthritique dans son genou droit ; dur sur sa personne, il négligea de se soigner à temps, et quand, vaincu par la maladie, il revint se faire opérer à Marseille, il était trop tard. L'amputation fut faite et guérit rapidement, mais une récidive de la tumeur se déclara presque aussitôt dans l'aine et la hanche : au bout de quelques mois il était mort... et mort comme un saint, à Marseille, à l'hôpital de la Conception, assisté et soigné jour et nuit par sa sœur. Il repose aujourd'hui au cimetière de Charleville, sa ville natale.

Nous n'avons voulu ni offenser, ni trahir sa mémoire en publiant des vers qu'il eût regretté d'avoir écrits, mais au point de vue documentaire ces pièces ayant été publiées, nous n'avons pas cru devoir les retrancher. Cette note nous a semblé nécessaire pour que le lecteur ne jugeât pas de l'esprit de l'auteur sur cette partie de son œuvre qu'il aurait supprimée sans regret.

L. V.

LES ÉTRENNES DES ORPHELINS

I

La chambre est pleine d'ombre ; on entend vaguement
De deux enfants le triste et doux chuchotement.
Leur front se penche, encor, alourdi par le rêve,
Sous le long rideau blanc qui tremble et se soulève...
— Au dehors les oiseaux se rapprochent frileux ;
Leur aile s'engourdit sous le ton gris des cieux ;
Et la nouvelle Année, à la suite brumeuse,
Laissant traîner les plis de sa robe neigeuse,
Sourit avec des pleurs, et chante en grelottant.....

II

Or les petits enfants, sous le rideau flottant,
Parlent bas comme on fait dans une nuit obscure.
Ils écoutent, pensifs, comme un lointain murmure.....

Ils tressaillent souvent à la claire voix d'or
Du timbre matinal, qui frappe et frappe encor
Son refrain métallique en son globe de verre...
— Puis, la chambre est glacée... on voit traîner à terre,
Epars autour des lits, des vêtements de deuil :
L'âpre bise d'hiver qui se lamente au seuil
Souffle dans le logis son haleine morose !
On sent, dans tout cela, qu'il manque quelque chose...
— Il n'est donc point de mère à ces petits enfants,
De mère au frais sourire, aux regards triomphants ?
Elle a donc oublié, le soir, seule et penchée,
D'exciter une flamme à la cendre arrachée,
D'amonceler sur eux la laine et l'édredon
Avant de les quitter en leur criant : pardon.
Elle n'a point prévu la froideur matinale,
Ni bien fermé le seuil à la bise hivernale ?...
— Le rêve maternel, c'est le tiède tapis,
C'est le nid cotonneux où les enfants tapis,
Comme de beaux oiseaux que balancent les branches,
Dorment leur doux sommeil plein de visions blanches...
— Et là, — c'est comme un nid sans plumes, sans chaleur,
Où les petits ont froid, ne dorment pas, ont peur ;
Un nid que doit avoir glacé la bise amère...

III

Votre cœur l'a compris : — ces enfants sont sans mère,
Plus de mère au logis ! — et le père est bien loin !...
— Une vieille servante, alors, en a pris soin :
Les petits sont tout seuls en la maison glacée ;
Orphelins de quatre ans, voilà qu'en leur pensée
S'éveille, par degrés, un souvenir riant...
C'est comme un chapelet qu'on égrène en priant :
— Ah ! quel beau matin, que ce matin des étrennes !
Chacun, pendant la nuit, avait rêvé des siennes
Dans quelque songe étrange où l'on voyait joujoux,
Bonbons habillés d'or, étincelants bijoux,
Tourbillonner, danser une danse sonore,
Puis fuir sous les rideaux, puis reparaître encore !
On s'éveillait matin, on se levait joyeux,
La lèvre affriandée, en se frottant les yeux...
On allait, les cheveux emmêlés sur la tête,
Les yeux tout rayonnants, comme aux grands jours de fête
Et les petits pieds nus effleurant le plancher,
Aux portes des parents tout doucement toucher...
On entrait !... Puis alors les souhaits,... en chemise,
Les baisers répétés, et la gaîté permise !

IV

Ah ! c'était si charmant, ces mots dits tant de fois !
— Mais comme il est changé, le logis d'autrefois :
Un grand feu pétillait, clair, dans la cheminée,
Toute la vieille chambre était illuminée ;
Et les reflets vermeils, sortis du grand foyer,
Sur les meubles vernis aimaient à tournoyer...
— L'armoire était sans clefs !... sans clefs, la grande armoire!
On regardait souvent sa porte brune et noire...
Sans clefs !... c'était étrange !... On rêvait bien des fois
Aux mystères dormant entre ses flancs de bois,
Et l'on croyait ouïr, au fond de la serrure
Béante, un bruit lointain, vague et joyeux murmure...
— La chambre des parents est bien vide, aujourd'hui ;
Aucun reflet vermeil sous la porte n'a lui ;
Il n'est point de parents, de foyer, de clefs prises :
Partant point de baisers, point de douces surprises !
Oh ! que le jour de l'an sera triste pour eux !
— Et, tout pensifs, tandis que de leurs grands yeux bleus
Silencieusement tombe une larme amère,
Ils murmurent : « Quand donc reviendra notre mère ? »

. . . .

V

Maintenant, les petits sommeillent tristement :
Vous diriez, à les voir, qu'ils pleurent en dormant,
Tant leurs yeux sont gonflés et leur souffle pénible !
Les tout petits enfants ont le cœur si sensible !
— Mais l'ange des berceaux vient essuyer leurs yeux,
Et dans ce lourd sommeil mit un rêve joyeux,
Un rêve si joyeux, que leur lèvre mi-close,
Souriante, semblait murmurer quelque chose...
Ils rêvent que, penchés sur leur petit bras rond,
Doux geste du réveil, ils avancent le front,
Et leur vague regard tout autour d'eux repose...
Ils se croient endormis dans un paradis rose...
Au foyer plein d'éclairs chante gaîment le feu...
Par la fenêtre on voit là-bas un beau ciel bleu ;
La nature s'éveille et de rayons s'enivre...
La terre, demi-nue, heureuse de revivre,
A des frissons de joie aux baisers du soleil...
Et dans le vieux logis tout est tiède et vermeil :
Les sombres vêtements ne jonchent plus la terre,
La bise sous le seuil a fini par se taire...
On dirait qu'une fée a passé dans cela !...
— Les enfants, tout joyeux, ont jeté deux cris... Là,

Près du lit maternel, sous un beau rayon rose,
Là, sur le grand tapis, resplendit quelque chose...
Ce sont des médaillons argentés, noirs et blancs,
De la nacre et du jais aux reflets scintillants ;
Des petits cadres noirs, des couronnes de verre,
Ayant trois mots gravés en or : « A NOTRE MÈRE ! »
. . . .

2 janvier 1870.

VOYELLES

A noir, E blanc, I rouge, U vert, O bleu, voyelles,
Je dirai quelque jour vos naissances latentes.
A, noir corset velu des mouches éclatantes
Qui bombillent autour des puanteurs cruelles,

Golfe d'ombre ; E, candeur des vapeurs et des tentes,
Lance des glaciers fiers, rois blancs, frissons d'ombelles ;
I, pourpres, sang craché, rire des lèvres belles
Dans la colère ou les ivresses pénitentes ;

U, cycles, vibrements divins des mers virides,
Paix des pâtis semés d'animaux, paix des rides
Que l'alchimie imprime aux grands fronts studieux ;

O, suprême Clairon plein de strideurs étranges,
Silences traversés des Mondes et des Anges :
— O l'Oméga, rayon violet de Ses Yeux !

ORAISON DU SOIR

Je vis assis tel qu'un ange aux mains d'un barbier,
Empoignant une chope à fortes cannelures,
L'hypogastre et le col cambrés, une Gambier
Aux dents, sous l'air gonflé d'impalpables voilures.

Tels que les excréments chauds d'un vieux colombier
Mille rêves en moi font de douces brûlures ;
Puis par instants mon cœur triste est comme un aubier
Qu'ensanglante l'or jaune et sombre des coulures.

Puis quand j'ai ravalé mes rêves avec soin,
Je me tourne, ayant bu trente ou quarante chopes,
Et me recueille pour lâcher l'âcre besoin.

Doux comme le Seigneur du cèdre et des hysopes,
Je pisse vers les cieux bruns très haut et très loin,
Avec l'assentiment des grands héliotropes.

LES ASSIS

Noirs de loupes, grêlés, les yeux cerclés de bagues
Vertes, leurs doigts boulus crispés à leurs fémurs,
Le sinciput plaqué de hargnosités vagues
Comme les floraisons lépreuses des vieux murs,

Ils ont greffé dans des amours épileptiques
Leur fantasque ossature aux grands squelettes noirs
De leurs chaises ; leurs pieds aux barreaux rachitiques
S'entrelacent pour les matins et pour les soirs.

Ces vieillards ont toujours fait tresse avec leurs sièges,
Sentant les soleils vifs percaliser leurs peaux,
Ou les yeux à la vitre où se fanent les neiges,
Tremblant du tremblement douloureux des crapauds.

Et les Sièges leur ont des bontés ; culottée
De brun, la paille cède aux angles de leurs reins.
L'âme des vieux soleils s'allume, emmaillotée
Dans ces tresses d'épis où fermentaient les grains.

Et les Assis, genoux aux dents, verts pianistes,
Les dix doigts sous leur siège aux rumeurs de tambour,
S'écoutent clapoter des barcarolles tristes
Et leurs caboches vont dans des roulis d'amour.

Oh ! ne les faites pas lever ! C'est le naufrage.
Ils surgissent, grondant comme des chats giflés,
Ouvrant lentement leurs omoplates, ô rage !
Tout leur pantalon bouffe à leurs reins boursouflés.

Et vous les écoutez cognant leurs têtes chauves
Aux murs sombres, plaquant et plaquant leurs pieds tors,
Et leurs boutons d'habit sont des prunelles fauves
Qui vous accrochent l'œil du fond des corridors.

Puis ils ont une main invisible qui tue ;
Au retour, leur regard filtre ce venin noir
Qui charge l'œil souffrant de la chienne battue,
Et vous suez, pris dans un atroce entonnoir.

Rassis, les poings crispés dans des manchettes sales,
Ils songent à ceux-là qui les ont fait lever,
Et de l'aurore au soir des grappes d'amygdales
Sous leurs mentons chétifs s'agitent à crever.

Quand l'austère sommeil a baissé leurs visières
Ils rêvent sur leurs bras de sièges fécondés,
De vrais petits amours de chaises en lisières
Par lesquelles de fiers bureaux seront bordés.

Des fleurs d'encre, crachant des pollens en virgules,
Les bercent le long des calices accroupis,
Tels qu'au fil des glaïeuls le vol des libellules,
— Et leur membre s'agace à des barbes d'épis !

LES EFFARÉS

Noirs dans la neige et dans la brume,
Au grand soupirail qui s'allume,
    Leurs culs en rond,

A genoux, cinq petits, — misère ! —
Regardent le boulanger faire
    Le lourd pain blond...

Ils voient le fort bras blanc qui tourne
La pâte grise, et qui l'enfourne
    Dans un trou clair.

Ils écoutent le bon pain cuire.
Le boulanger au gras sourire
    Chante un vieil air.

Ils sont blottis, pas un ne bouge,
Au souffle du soupirail rouge,
    Chaud comme un sein.

Et quand, pendant que minuit sonne,
Façonné, pétillant et jaune,
    On sort le pain ;

Quand, sous les poutres enfumées,
Chantent les croûtes parfumées,
    Et les grillons ;

Que ce trou chaud souffle la vie ;
Ils ont leur âme si ravie
    Sous leurs haillons,

Ils se ressentent si bien vivre,
Les pauvres petits pleins de givre !
    — Qu'ils sont là, tous,

Collant leurs petits museaux roses
Au grillage, chantant des choses,
    Entre les trous,

Mais bien bas, — comme une prière...
Repliés vers cette lumière
    Du ciel rouvert,

— Si fort, qu'ils crèvent leur culotte,
— Et que leur chemise tremblote
    Au vent d'hiver...

20 septembre 1870.

LES CHERCHEUSES DE POUX

Quand le front de l'enfant plein de rouges tourmentes,
Implore l'essaim blanc des rêves indistincts,
Il vient près de son lit deux grandes sœurs charmantes
Avec de frêles doigts aux ongles argentins.

Elles assoient l'enfant devant une croisée
Grande ouverte où l'air bleu baigne un fouillis de fleurs,
Et dans ses lourds cheveux où tombe la rosée
Promènent leurs doigts fins, terribles et charmeurs.

Il écoute chanter leurs haleines craintives
Qui fleurent de longs miels végétaux et rosés
Et qu'interrompt parfois un sifflement, salives
Reprises sur la lèvre ou désirs de baisers.

Il entend leurs cils noirs battant sous les silences
Parfumés ; et leurs doigts électriques et doux
Font crépiter parmi ses grises indolences
Sous leurs ongles royaux la mort des petits poux.

Voilà que monte en lui le vin de la Paresse,
Soupir d'harmonica qui pourrait délirer ;
L'enfant se sent, selon la lenteur des caresses,
Sourdre et mourir sans cesse un désir de pleurer.

BATEAU IVRE

Comme je descendais des Fleuves impassibles
Je ne me sentis plus guidé par les haleurs ;
Des Peaux-Rouges criards les avaient pris pour cibles,
Les ayant cloués nus aux poteaux de couleurs.

J'étais insoucieux de tous les équipages,
Porteur de blés flamands ou de cotons anglais.
Quand avec mes haleurs ont fini ces tapages,
Les Fleuves m'ont laissé descendre où je voulais.

Dans les clapotements furieux des marées,
Moi, l'autre hiver, plus sourd que les cerveaux d'enfants
Je courus ! Et les Péninsules démarrées,
N'ont pas subi tohu-bohus plus triomphants.

La tempête a béni mes éveils maritimes.
Plus léger qu'un bouchon j'ai dansé sur les flots
Qu'on appelle rouleurs éternels de victimes,
Dix nuits, sans regretter l'œil niais des falots.

Plus douce qu'aux enfants la chair des pommes sures
L'eau verte pénétra ma coque de sapin
Et des taches de vins bleus et des vomissures
Me lava, dispersant gouvernail et grappin.

Et dès lors je me suis baigné dans le poème
De la mer, infusé d'astres et latescent,
Dévorant les azurs verts où, flottaison blême
Et ravie, un noyé pensif parfois descend,

Où, teignant tout à coup les bleuités, délires
Et rythmes lents sous les rutilements du jour,
Plus fortes que l'alcool, plus vastes que vos lyres,
Fermentent les rousseurs amères de l'amour.

Je sais les cieux crevant en éclairs, et les trombes,
Et les ressacs, et les courants, je sais le soir,
L'aube exaltée ainsi qu'un peuple de colombes,
Et j'ai vu quelquefois ce que l'homme a cru voir.

J'ai vu le soleil bas taché d'horreurs mystiques
Illuminant de longs figements violets,
Pareils à des acteurs de drames très antiques,
Les flots roulant au loin leurs frissons de volets ;

J'ai rêvé la nuit verte aux neiges éblouies,
Baisers montant aux yeux des mers avec lenteur,
La circulation des sèves inouïes
Et l'éveil jaune et bleu des phosphores chanteurs.

J'ai suivi des mois pleins, pareille aux vacheries
Hystériques, la houle à l'assaut des récifs,
Sons songer que les pieds lumineux des Maries
Pussent forcer le mufle aux Océans poussifs ;

J'ai heurté, savez-vous ? d'incroyables Florides,
Mêlant aux fleurs des yeux de panthères, aux peaux
D'hommes, des arcs-en-ciel tendus comme des brides,
Sous l'horizon des mers, à de glauques troupeaux ;

J'ai vu fermenter les marais énormes nasses
Où pourrit dans les joncs tout un Léviathan,
Des écroulements d'eaux au milieu des bonaces
Et les lointains vers les gouffres cataractant !

Glaciers, soleils d'argent, flots nacreux, cieux de braises,
Echouages hideux au fond des golfes bruns
Où les serpents géants dévorés des punaises
Choient des arbres tordus avec de noirs parfums.

J'aurais voulu montrer aux enfants ces dorades
Du flot bleu, ces poissons d'or, ces poissons chantants.
Des écumes de fleurs ont béni mes dérades
Et d'ineffables vents m'ont ailé par instants.

Parfois, martyr lassé des pôles et des zones,
La mer dont le sanglot faisait mon roulis doux
Montait vers moi ses fleurs d'ombre aux ventouses jaunes
Et je restais ainsi qu'une femme à genoux,

Presqu'île ballottant sur mes bords les querelles
Et les fientes d'oiseaux clabaudeurs aux yeux blonds,
Et je voguais lorsque à travers mes liens frêles
Des noyés descendaient dormir à reculons.

Or moi, bateau perdu sous les cheveux des anses,
Jeté par l'ouragan dans l'éther sans oiseau,
Moi dont les Monitors et les voiliers des Hanses
N'auraient pas repêché la carcasse ivre d'eau,

Libre, fumant, monté de brumes violettes,
Moi qui trouais le ciel rougeoyant comme un mur
Qui porte, confiture exquise aux bons poètes,
Des lichens de soleil et des morves d'azur,

Qui courais taché de lunules électriques,
Planche folle, escorté des hippocampes noirs,
Quand les Juillets faisaient crouler à coups de triques
Les cieux ultramarins aux ardents entonnoirs,

Moi qui tremblais, sentant geindre à cinquante lieues
Le rut des Béhémots et des Maelstroms épais,
Fileur éternel des immobilités bleues,
Je regrette l'Europe aux anciens parapets.

J'ai vu des archipels sidéraux ! Et des iles
Dont les cieux délirants sont ouverts au vogueur :
— Est-ce en ces nuits sans fond que tu dors et t'exiles,
Million d'oiseaux d'or, ô future Vigueur ?

Mais, vrai, j'ai trop pleuré ! Les aubes sont navrantes,
Toute lune est atroce et tout soleil amer.
L'âcre amour m'a gonflé de torpeurs enivrantes.
Oh ! que ma quille éclate ! Oh ! que j'aille à la mer !

Si je désire une eau d'Europe, c'est la flache
Noire et froide où, vers le crépuscule embaumé,
Un enfant accroupi, plein de tristesse, lâche
Un bateau frêle comme un papillon de mai.

Je ne puis plus, baigné de vos langueurs, ô lames,
Enlever leur sillage aux porteurs de cotons,
Ni traverser l'orgueil des drapeaux et des flammes,
Ni nager sous les yeux horribles des pontons !

LES PREMIÈRES COMMUNIONS

I

Vraiment, c'est bête, ces églises de villages
Où quinze laids marmots, encrassant les piliers,
Ecoutent, grasseyant les divins babillages,
Un noir grotesque dont fermentent les souliers.
Mais le soleil éveille, à travers les feuillages,
Les vieilles couleurs des vitraux ensoleillés,

La pierre sent toujours la terre maternelle,
Vous verrez des monceaux de ces cailloux terreux
Dans la campagne en rut qui frémit, solennelle,
Portant, près des blés lourds, dans les sentiers séreux,
Ces arbrisseaux brûlés où bleuit la prunelle,
Des nœuds de mûriers noirs ou de rosiers fuireux.

Tous les cent ans, on rend ces granges respectables
Par un badigeon d'eau bleue et de lait caillé.
Si des mysticités grotesques sont notables
Près de la Notre-Dame ou du saint empaillé,
Des mouches sentant bon l'auberge et les étables
Se gorgent de cire au plancher ensoleillé.

L'enfant se doit surtout à la maison, famille
Des soins naïfs, des bons travaux abrutissants.
Ils sortent, oubliant que la peau leur fourmille
Où le Prêtre du Christ a mis ses doigts puissants.
On paie au Prêtre un toit ombré d'une charmille
Pour qu'il laisse au soleil tous ces fronts bruissants.

Le premier habit noir, le plus beau jour de tartes
Sous le Napoléon ou le Petit Tambour,
Quelque enluminure où les Josephs et les Marthes
Tirent la langue avec un excessif amour
Et qui joindront aux jours de science deux cartes,
Ces deux seuls souvenirs lui restent du grand Jour.

Les filles vont toujours à l'église, contentes
De s'entendre appeler garces par les garçons
Qui font du genre, après messe et vêpres chantantes,

Eux, qui sont destinés au chic des garnisons,
Ils narguent au café les maisons importantes,
Blousés neuf et gueulant d'effroyables chansons.

Cependant le curé choisit, pour les enfances,
Des dessins; dans son clos, les vêpres dites, quand
L'air s'emplit du lointain nasillement des danses,
Il se sent, en dépit des célestes défenses,
Les doigts de pied ravis et le mollet marquant...
— La nuit vient, noir pirate au ciel noir débarquant.

II

Le prêtre a distingué, parmi les catéchistes
Congrégés des faubourgs ou des riches quartiers,
Cette petite fille inconnue, aux yeux tristes,
Front jaune. Ses parents semblent de doux portiers.
Au grand jour, la marquant parmi les catéchistes,
Dieu fera, sur son front, neiger ses bénitiers.

La veille du grand jour, l'enfant se fait malade
Mieux qu'à l'église haute aux funèbres rumeurs.
D'abord le frisson vient, le lit n'étant pas fade,
Un frisson surhumain qui retourne : Je meurs...

Et, comme un vol d'amour fait à ses sœurs stupides.
Elle compte, abattue et les mains sur son cœur,
Ses Anges, ses Jésus et ses Vierges nitides,
Et, calmement, son âme a bu tout son vainqueur.

Adonaï!... Dans les terminaisons latines
Des cieux moirés de vert baignent les Fronts vermeils
Et, tachés du sang pur des célestes poitrines,
De grands linges neigeux tombent sur les soleils.

Pour ses virginités présentes et futures
Elle mord aux fraîcheurs de ta Rémission ;
Mais plus que les lys d'eau, plus que les confitures
Tes pardons sont glacés, ô Reine de Sion.

III

Puis la Vierge n'est plus que la Vierge du livre ;
Les mystiques élans se cassent quelquefois,
Et vient la pauvreté des images que cuivre
L'ennui, l'enluminure atroce et les vieux bois.

Des curiosités vaguement impudiques
Épouvantent le rêve aux chastes bleuités

Qui s'est surpris autour des célestes tuniques
Du linge dont Jésus voile ses nudités.

Elle veut, elle veut pourtant, l'âme en détresse,
Le front dans l'oreiller creusé par les cris sourds,
Prolonger les éclairs suprêmes de tendresse
Et bave... — L'ombre emplit les maisons et les cours,

Et l'enfant ne peut plus. Elle s'agite et cambre
Les reins, et d'une main ouvre le rideau bleu
Pour amener un peu la fraicheur de la chambre
Sous le drap, vers son ventre et sa poitrine en feu.

IV

A son réveil, — minuit, — la fenêtre était blanche
Devant le soleil bleu des rideaux illunés ;
La vision la prit des langueurs du Dimanche,
Elle avait rêvé rouge. Elle saigna du nez,

Et se sentant bien chaste et pleine de faiblesse,
Pour savourer en Dieu son amour revenant,
Elle eut soif de la nuit forte où s'exalte et s'abaisse
Le cœur, sous l'œil des cieux doux, en les devinant ;

De la nuit, Vierge-Mère impalpable qui baigne
Tous les jeunes émois de ses silences gris ;
Elle eut soif de la nuit forte où le cœur qui saigne
Ecoute sans témoin sa révolte sans cris.

Et, faisant la victime et la petite épouse,
Son étoile la vit, une chandelle aux doigts,
Descendre dans la cour où séchait une blouse,
Spectre blanc, et lever les spectres noirs des toits.

V

Elle passa sa nuit Sainte dans les latrines.
Vers la chandelle, aux trous du toit, coulait l'air blanc
Et quelque vigne folle aux noirceurs purpurines
En deçà d'une cour voisine s'écroulant.

La lucarne faisait un cœur de lueur vive
Dans la cour où les cieux bas plaquaient d'ors vermeils.
Les vitres ; les pavés puant l'eau de lessive
Souffraient l'ombre des toits bordés de noirs sommeils.

VI

Qui dira ces langueurs et ces pitiés immondes
Et ce qui lui viendra de haine, ô sales fous,
Dont le travail divin déforme encor les mondes
Quand la lèpre, à la fin, rongera ce corps doux,

Et quand, ayant rentré tous ces nœuds d'hystéries
Elle verra, sous les tristesses du bonheur,
L'amant rêver au blanc million de Maries
Au matin de la nuit d'amour, avec douleur !

VII

Sais-tu que je t'ai fait mourir ? J'ai pris ta bouche,
Ton cœur, tout ce qu'on a, tout ce que vous avez,
Et moi je suis malade. Oh ! je veux qu'on me couche
Parmi les Morts des eaux nocturnes abreuvés !

J'étais bien jeune, et Christ a souillé mes haleines,
Il me bonda jusqu'à la gorge de dégoûts ;
Tu baisais mes cheveux profonds comme des laines,
Et je me laissais faire !... Oh ! va... c'est bon pour vous,

Hommes ! qui songez peu que la plus amoureuse
Est, dans sa conscience, aux ignobles terreurs
La plus prostituée et la plus douloureuse
Et que tous nos élans vers vous sont des erreurs.

Car ma communion première est bien passée !
Tes baisers, je ne puis jamais les avoir bus.
Et mon cœur et ma chair par ta chair embrassée
Fourmillent du baiser putride de Jésus !...

VIII

Alors l'âme pourrie et l'âme désolée
Sentiront ruisseler tes malédictions.
— Ils avaient couché sur ta haine inviolée
Echappés, pour la mort, des justes passions.

Christ, ô Christ, éternel voleur des énergies,
Dieu qui, pour deux mille ans, vouas, à ta pâleur,
Cloués au sol, de honte et de céphalalgies,
Ou renversés, les fronts des Femmes de douleur.

Juillet 1871.

L'ORGIE PARISIENNE

OU

PARIS SE REPEUPLE

O lâches, la voilà ! dégorgez dans les gares !
Le soleil expia de ses poumons ardents
Les boulevards qu'un soir comblèrent les Barbares.
Voilà la Cité belle assise à l'occident !

Allez ! on préviendra les reflux d'incendie,
Voilà les quais ! voilà les boulevards ! voilà,
Sur les maisons, l'azur léger qui s'irradie,
Et qu'un soir la rougeur des bombes étoila.

Cachez les palais morts dans des niches de planches !
L'ancien jour effaré rafraichit vos regards.
Voici le troupeau roux des tordeuses de hanches,
Soyez fous, vous serez drôles, étant hagards !

Tas de chiennes en rut mangeant des cataplasmes.
Le cri des maisons d'or vous réclame. Volez !
Mangez ! voici la nuit de joie aux profonds spasmes
Qui descend dans la rue, ô buveurs désolés,

Buvez. Quand la lumière arrive intense et folle
Fouillant à vos côtés les luxes ruisselants,
Vous n'allez pas baver, sans geste, sans parole,
Dans vos verres, les yeux perdus aux lointains blancs,

Avalez, pour la Reine aux fesses cascadantes !
Ecoutez l'action des stupides hoquets
Déchirants. Écoutez, sauter aux nuits ardentes
Les idiots râleux, vieillards, pantins, laquais !

O cœurs de saleté, bouches épouvantables,
Fonctionnez plus fort, bouches de puanteurs !
Un vin pour ces torpeurs ignobles, sur ces tables...
Vos ventres sont fondus de hontes, ô Vainqueurs !

Ouvrez votre narine aux superbes nausées !
Trempez de poisons forts les cordes de vos cous !
Sur vos nuques d'enfants baissant ses mains croisées
Le Poète vous dit : ô lâches, soyez fous !

Parce que vous fouillez le ventre de la Femme
Vous craignez d'elle encore une convulsion
Qui crie, asphyxiant votre nichée infâme
Sur sa poitrine, en une horrible pression.

Syphilitiques, fous, rois, pantins, ventriloques,
Qu'est-ce que ça peut faire à la putain Paris,
Vos âmes et vos corps, vos poisons et vos loques ?
Elle se secouera de vous, hargneux pourris !

Et quand vous serez bas, geignant sur vos entrailles
Les flancs morts, réclamant votre argent, éperdus,
La rouge courtisane aux seins gros de batailles,
Loin de votre stupeur tordra ses poings ardus !

Quand tes pieds ont dansé si fort dans les colères,
Paris ! quand tu reçus tant de coups de couteau,
Quand tu gis, retenant dans tes prunelles claires,
Un peu de la bonté du fauve renouveau,

O cité douloureuse, ô cité quasi morte,
La tête et les deux seins jetés vers l'Avenir
Ouvrant sur ta pâleur ses milliards de portes,
Cité que le Passé sombre pourrait bénir :

Corps remagnétisé pour les énormes peines,
Tu rebois donc la vie effroyable ! tu sens
Sourdre le flux des vers livides en tes veines,
Et sur ton clair amour rôder les doigts glaçants !

Et ce n'est pas mauvais. Tes vers, tes vers livides
Ne gêneront pas plus ton souffle de Progrès
Que les Stryx n'éteignaient l'œil des Cariatides
Où des pleurs d'or astral tombaient des bleus degrés.

Quoique ce soit affreux de te revoir couverte
Ainsi ; quoiqu'on n'ait fait jamais d'une cité
Ulcère plus puant à la Nature verte,
Le Poète te dit « Splendide est ta Beauté ! »

L'orage t'a sacrée suprême poésie ;
L'immense remuement des forces te secourt ;
Ton œuvre bout, la mort gronde, Cité choisie !
Amasse les strideurs au cœur du clairon lourd.

Le Poète prendra le sanglot des Infâmes,
La haine des Forçats, la clameur des maudits ;
Et ses rayons d'amour flagelleront les Femmes.
Ses strophes bondiront, voilà ! voilà ! bandits !

— Société, tout est rétabli : — les orgies
Pleurent leur ancien râle aux anciens lupanars :
Et les gaz en délire aux murailles rougies
Flambent sinistrement vers les azurs blafards !

Mai 1871.

ACCROUPISSEMENTS

Bien tard, quand il se sent l'estomac écœuré,
Le frère Calotus un œil à la lucarne
D'où le soleil, clair comme un chaudron récuré.
Lui darde une migraine et fait son regard darne,
Déplace dans les draps son ventre de curé.

Il se démène sous sa couverture grise
Et descend ses genoux à son ventre tremblant,
Effaré comme un vieux qui mangerait sa prise,
Car il lui faut, le poing à l'anse d'un pot blanc,
A ses reins largement retrousser sa chemise !

Or, il s'est accroupi frileux, les doigts de pied
Repliés grelottant au clair soleil qui plaque
Des jaunes de brioches aux vitres de papiers,

Et le nez du bonhomme où s'allume la laque
Renifle aux rayons, tel qu'un charnel polypier.

. . . .

Le bonhomme mijote au feu, bras tordus, lippe
Au ventre : il sent glisser ses cuisses dans le feu
Et ses chausses roussir et s'éteindre sa pipe ;
Quelque chose comme un oiseau remue un peu
A son ventre serein comme un morceau de tripe !

Autour, dort un fouillis de meubles abrutis
Dans des haillons de crasse et sur de sales ventres,
Des escabeaux, crapauds étranges, sont blottis
Aux coins noirs : des buffets ont des gueules de chantres
Qu'entr'ouvre un sommeil plein d'horribles appétits.

L'écœurante chaleur gorge la chambre étroite,
Le cerveau du bonhomme est bourré de chiffons,
Il écoute les poils pousser dans sa peau moite
Et parfois en hoquets fort gravement bouffons
S'échappe, secouant son escabeau qui boite...

. . . .

Et le soir aux rayons de lune qui lui font
Aux contours du cul des bavures de lumière,
Une ombre avec détails s'accroupit sur un fond
De neige rose ainsi qu'une rose trémière...
Fantasque, un nez poursuit Vénus au ciel profond.

LES PAUVRES A L'ÉGLISE

Parqués entre des bancs de chêne, aux coins d'église
Qu'attiédit puamment leur souffle, tous leurs yeux
Vers le chœur ruisselant d'orrie et la maîtrise
Aux vingt gueules gueulant les cantiques pieux ;

Comme un parfum de pain humant l'odeur de cire,
Heureux, humiliés comme des chiens battus,
Les Pauvres au bon Dieu, le patron et le sire,
Tendent leurs oremus risibles et têtus.

Aux femmes, c'est bien bon de faire des bancs lisses,
Après les six jours noirs où Dieu les fait souffrir !
Elles bercent, tordus dans d'étranges pelisses,
Des espèces d'enfants qui pleurent à mourir :

Leurs seins crasseux dehors, ces mangeuses de soupe,
Une prière aux yeux et ne priant jamais,
Regardent parader mauvaisement un groupe
De gamines avec leurs chapeaux déformés.

Dehors, le froid, la faim, et puis l'homme en ribote :
C'est bon. Encore une heure ; après, les maux sans nom !
— Cependant, alentour, geint, nazille, chuchote
Une collection de vieilles à fanons ;

Ces effarés y sont et ces épileptiques
Dont on se détournait hier aux carrefours ;
Et, fringalant du nez dans des missels antiques
Ces aveugles qu'un chien introduit dans les cours.

Et tous, bavant la foi mendiante et stupide,
Récitent la complainte infinie à Jésus
Qui rêve en haut, jauni par le vitrail livide,
Loin des maigres mauvais et des méchants pansus,

Loin des senteurs de viande et d'étoffes moisies,
Farce prostrée et sombre aux gestes repoussants ;
— Et l'oraison fleurit d'expressions choisies,
Et les mysticités prennent des tons pressants,

Quand, des nefs où périt le soleil, plis de soie
Banals, sourires verts, les Dames des quartiers
Distingués, — ô Jésus ! — les malades du foie
Font baiser leurs longs doigts jaunes aux bénitiers.

1871.

CE QUI RETIENT NINA

LUI

Ta poitrine sur ma poitrine,
    Hein ? nous irions,
Ayant de l'air plein la narine,
    Aux frais rayons

Du bon matin bleu qui vous baigne
    Du vin de jour?...
Quand tout le bois frissonnant saigne
    Muet d'amour

De chaque branche, gouttes vertes,
    Des bourgeons clairs,
On sent dans les choses ouvertes
    Frémir des chairs ;

Tu plongerais dans la luzerne
Ton long peignoir,
Divine avec ce bleu qui cerne
Ton grand œil noir,

Amoureuse de la campagne,
Semant partout,
Comme une mousse de champagne,
Ton rire fou !

Riant à moi, brutal d'ivresse,
Qui te prendrais
Comme cela, — la belle tresse,
Oh ! — qui boirais

Ton goût de framboise et de fraise,
O chair de fleur !
Riant au vent vif qui te baise
Comme un voleur,

Au rose églantier qui t'embête
Aimablement...
Riant surtout, ô folle tête,
A ton amant !....

Dix-sept ans ! Tu seras heureuse !
Oh ! les grands prés,
La grande campagne amoureuse !
— Dis, viens plus près !...

Ta poitrine sur ma poitrine,
Mêlant nos voix,
Lents, nous gagnerions la ravine,
Puis les grands bois !...

Puis, comme une petite morte,
Le cœur pâmé,
Tu me dirais que je te porte,
L'œil mi-fermé...

Je te porterais, palpitante
Dans le sentier...
L'oiseau filerait son andante,
Joli portier...

Je te parlerais dans ta bouche :
J'irais, pressant
Ton corps, comme une enfant qu'on couche,
Ivre du sang

Qui coule, bleu, sous ta peau blanche
    Aux tons rosés,
Te parlant bas la langue franche...
    Tiens!... que tu sais...

Nos grands bois sentiraient la sève,
    Et le soleil
Sablerait d'or fin leur grand rêve
    Sombre et vermeil !

Le soir ?... Nous reprendrons la route
    Blanche qui court,
Flânant, comme un troupeau qui broute,
    Tout à l'entour...

Les bons vergers à l'herbe bleue
    Aux pommiers tors !
Comme on les sent tout une lieue,
    Leurs parfums forts !

Nous regagnerions le village
    Au ciel mi-noir ;
Et ça sentirait le laitage
    Dans l'air du soir ;

Ça sentirait l'étable pleine
De fumiers chauds,
Pleine d'un rythme lent d'haleine,
Et de grands dos

Blanchissant sous quelque lumière;
Et, tout là-bas,
Une vache fienterait fière,
A chaque pas!...

— Les lunettes de la grand'mère
Et son nez long
Dans son missel, le pot de bière
Cerclé de plomb

Moussant entre trois larges pipes
Qui, crânement,
Fument : dix, quinze, immenses lippes
Qui, tout fumant,

Happent le jambon aux fourchettes
Tant, tant et plus ;
Le feu qui claire les couchettes,
Et les bahuts ;

Les fesses luisantes et grasses
 D'un gros enfant
Qui fourre, à genoux, dans des tasses,
 Son museau blanc

Frolé par un mufle qui gronde
 D'un ton gentil,
Et pourlèche la face ronde
 Du cher petit...

Noire, rogue au bord de sa chaise,
 Affreux profil,
Une vieille devant la braise
 Qui fait du fil;

Que de choses nous verrions, chère,
 Dans ces taudis,
Quand la flamme illumine, claire,
 Les carreaux gris !...

— Et puis, fraîche et toute nichée
 Dans les lilas,
La maison, la vitre cachée
 Qui rit là-bas...

Tu viendras, tu viendras, je t'aime,
Ce sera beau !
Tu viendras, n'est-ce pas ? et même...

ELLE

MAIS LE BUREAU ?

15 août 1870.

VÉNUS ANADYOMÈNE

Comme d'un cercueil vert en fer-blanc, une tête
De femme à cheveux bruns fortement pommadés
D'une vieille baignoire émerge, lente et bête,
Montrant des déficits assez mal ravaudés;

Puis le col gras et gris, les larges omoplates
Qui saillent; le dos court qui rentre et qui ressort.
— La graisse sous la peau paraît en feuilles plates
Et les rondeurs des reins semblent prendre l'essor...

L'échine est un peu rouge, et le tout sent un goût
Horrible étrangement, — on remarque surtout
Des singularités qu'il faut voir à la loupe...

Les reins portent deux mots gravés : *Clara Vénus;*
— Et tout ce corps remue et tend sa large croupe
Belle hideusement d'un ulcère à l'anus.

27 juillet 1870.

> « Français de soixante-dix, bonapartistes,
> républicains, souvenez-vous de vos pères en 92,
> etc...
> . . . .
>
> PAUL DE CASSAGNAC *(Le Pays)*.

Morts de quatre-vingt-douze et de quatre-vingt-treize,
Qui, pâles du baiser fort de la liberté,
Calmes, sous vos sabots, brisiez le joug qui pèse
Sur l'âme et sur le front de toute humanité ;

Hommes extasiés et grands dans la tourmente,
Vous dont les cœurs sautaient d'amour sous les haillons,
O soldats que la Mort a semés, noble Amante,
Pour les régénérer, dans tous les vieux sillons ;

Vous dont le sang lavait toute grandeur salie,
Morts de Valmy, Morts de Fleurus, Morts d'Italie,
O Million de Christs aux yeux sombres et doux ;

Nous vous laissions dormir avec la République,
Nous, courbés sous les rois comme sous une trique :
— Messieurs de Cassagnac nous reparlent de vous !

3 septembre 1870.

COMÉDIE EN TROIS BAISERS

Elle était fort déshabillée,
Et de grands arbres indiscrets
Aux vitres penchaient leur feuillée
Malinement, tout près, tout près.

Assise sur ma grande chaise,
Mi-nue elle joignait les mains.
Sur le plancher frissonnaient d'aise
Ses petits pieds si fins, si fins.

— Je regardai, couleur de cire
Un petit rayon buissonnier
Papillonner, comme un sourire
Sur son beau sein, mouche au rosier.

— Je baisai ses fines chevilles.
Elle eut un long rire très mal
Qui s'égrenait en claires trilles,
Une risure de cristal...

Les petits pieds sous la chemise
Se sauvèrent : « Veux-tu finir ! »
— La première audace permise,
Le rire feignait de punir !

— Pauvrets palpitant sous ma lèvre,
Je baisai doucement ses yeux :
— Elle jeta sa tête mièvre
En arrière : « Oh ! c'est encor mieux !... »

« Monsieur, j'ai deux mots à te dire... »
— Je lui jetai le reste au sein
Dans un baiser, qui la fit rire
D'un bon rire qui voulait bien...

— Elle était fort déshabillée
Et de grands arbres indiscrets
Aux vitres penchaient leur feuillée
Malinement, tout près, tout près.

SENSATION

Par les soirs bleus d'été, j'irai dans les sentiers,
Picoté par les blés, fouler l'herbe menue :
Rêveur, j'en sentirai la fraîcheur à mes pieds.
Je laisserai le vent baigner ma tête nue !

Je ne parlerai pas, je ne penserai rien ;
Mais l'amour infini me montera dans l'âme,
Et j'irai loin, bien loin, comme un bohémien
Par la Nature, — heureux comme avec une femme !

    Mars 1870.

BAL DES PENDUS

Au gibet noir, manchot aimable,
Dansent, dansent les paladins,
Les maigres paladins du diable,
Les squelettes de Saladins.

Messire Belzebuth tire par la cravate
Ses petits pantins noirs grimaçant sur le ciel,
Et, leur claquant au front un revers de savate,
Les fait danser, danser aux sons d'un vieux Noël!

Et les pantins choqués enlacent leurs bras grêles :
Comme des orgues noirs, les poitrines à jour
Que serraient autrefois les gentes damoiselles,
Se heurtent longuement dans un hideux amour.

Hurrah ! les gais danseurs, qui n'avez plus de panse !
On peut cabrioler, les tréteaux sont si longs !
Hop ! qu'on ne sache plus si c'est bataille ou danse !
Belzebuth enragé racle ses violons !

O durs talons, jamais on n'use sa sandale !
Presque tous ont quitté la chemise de peau :
Le reste est peu gênant et se voit sans scandale.
Sur les crânes, la neige applique un blanc chapeau :

Le corbeau fait panache à ces têtes fêlées,
Un morceau de chair tremble à leur maigre menton :
On dirait, tournoyant dans les sombres mêlées,
Des preux, raides, heurtant armures de carton.

Hurrah ! la bise siffle au grand bal des squelettes !
Le gibet noir mugit comme un orgue de fer !
Les loups vont répondant des forêts violettes :
A l'horizon, le ciel est d'un rouge d'enfer...

Holà, secouez-moi ces capitans funèbres
Qui défilent, sournois, de leurs gros doigts cassés
Un chapelet d'amour sur leurs pâles vertèbres :
Ce n'est pas un moustier ici, les trépassés !

Oh ! voilà qu'au milieu de la danse macabre
Bondit dans le ciel rouge un grand squelette fou
Emporté par l'élan, comme un cheval se cabre :
Et, se sentant encor la corde raide au cou,

Crispe ses petits doigts sur son fémur qui craque
Avec des cris pareils à des ricanements,
Et, comme un baladin rentre dans la baraque,
Rebondit dans le bal au chant des ossements.

  Au gibet noir, manchot aimable,
  Dansent, dansent les paladins,
  Les maigres paladins du diable,
  Les squelettes de Saladins.

ROMAN

I

On n'est pas sérieux, quand on a dix-sept ans.
— Un beau soir, foin des bocks et de la limonade,
Des cafés tapageurs aux lustres éclatants !
— On va sous les tilleuls verts de la promenade,

Les tilleuls sentent bon dans les bons soirs de juin !
L'air est parfois si doux, qu'on ferme la paupière ;
Le vent chargé de bruits, — la ville n'est pas loin, —
A des parfums de vigne et des parfums de bière...

II

— Voilà qu'on aperçoit un tout petit chiffon
D'azur sombre, encadré d'une petite branche,

Piqué d'une mauvaise étoile, qui se fond
Avec de doux frissons, petite et toute blanche...

Nuit de juin ! Dix-sept ans ! — On se laisse griser.
La sève est du champagne et vous monte à la tête...
On divague ; on se sent aux lèvres un baiser
Qui palpite là, comme une petite bête...

III

Le cœur fou Robinsonne à travers les romans,
— Lorsque, dans la clarté d'un pâle réverbère,
Passe une demoiselle aux petits airs charmants,
Sous l'ombre du faux-col effrayant de son père...

Et, comme elle vous trouve immensément naïf,
Tout en faisant trotter ses petites bottines,
Elle se tourne, alerte et d'un mouvement vif...
— Sur vos lèvres alors meurent les cavatines...

IV

Vous êtes amoureux. Loué jusqu'au mois d'août.
Vous êtes amoureux. — Vos sonnets la font rire.

Tous vos amis s'en vont, vous êtes mauvais goût.
— Puis l'adorée, un soir, a daigné vous écrire !...

— Ce soir-là,... — vous rentrez aux cafés éclatants,
Vous demandez des bocks ou de la limonade...
— On n'est pas sérieux, quand on a dix-sept ans
Et qu'on a des tilleuls verts sur la promenade.

23 septembre 1870.

RAGES DE CÉSARS

L'Homme pâle, le long des pelouses fleuries,
Chemine, en habit noir, et le cigare aux dents :
L'Homme pâle repense aux fleurs des Tuileries
— Et parfois son œil terne a des regards ardents...

Car l'Empereur est saoul de ses vingt ans d'orgie !
Il s'était dit : « Je vais souffler la Liberté
Bien délicatement, ainsi qu'une bougie ! »
La Liberté revit ! Il se sent éreinté !

Il est pris. — Oh ! quel nom sur ses lèvres muettes
Tressaille ? Quel regret incapable le mord ?
On ne le saura pas. L'Empereur a l'œil mort.

Il repense peut-être au Compère en lunettes...
— Et regarde filer de son cigare en feu,
Comme aux soirs de Saint-Cloud, un fin nuage bleu.

LE MAL

Tandis que les crachats rouges de la mitraille
Sifflent tout le jour par l'infini du ciel bleu ;
Qu'écarlates ou verts, près du Roi qui les raille,
Croulent les bataillons en masse dans le feu ;

Tandis qu'une folie épouvantable, broie
Et fait de cent milliers d'hommes un tas fumant ;
— Pauvres morts ! dans l'été, dans l'herbe, dans ta joie,
Nature ! ô toi qui fis ces hommes saintement !... —

— Il est un Dieu, qui rit aux nappes damassées
Des autels, à l'encens, aux grands calices d'or ;
Qui dans le bercement des hosanna s'endort,

Et se réveille, quand des mères, ramassées
Dans l'angoisse, et pleurant sous leur vieux bonnet noir,
Lui donnent un gros sou lié dans leur mouchoir

OPHÉLIE

I

Sur l'onde calme et noire où dorment les étoiles,
La blanche Ophélia flotte comme un grand lys,
Flotte très lentement, couchée en ses longs voiles...
— On entend dans les bois de lointains hallalis...

Voici plus de mille ans que la triste Ophélie
Passe, fantôme blanc, sur le long fleuve noir ;
Voici plus de mille ans que sa douce folie
Murmure sa romance à la brise du soir.

Le vent baise ses reins et déploie en corolle
Ses longs voiles bercés mollement par les eaux ;
Les saules frissonnants pleurent sur son épaule,
Sur son grand front rêveur s'inclinent les roseaux.

Les nénuphars froissés soupirent autour d'elle ;
Elle éveille parfois, dans un aune qui dort,
Quelque nid, d'où s'échappe un petit frisson d'aile.
— Un chant mystérieux tombe des astres d'or.

II

O pâle Ophélia ! belle comme la neige !
Oui, tu mourus, enfant, par un fleuve emporté !
— C'est que les vents tombant des grands monts de Norvège
T'avaient parlé tout bas de l'âpre liberté !

C'est qu'un souffle inconnu, fouettant ta chevelure,
A ton esprit rêveur portait d'étranges bruits ;
Que ton cœur entendait la voix de la Nature
Dans les plaintes de l'arbre et les soupirs des nuits !

C'est que la voix des mers, comme un immense râle,
Brisait ton sein d'enfant, trop humain et trop doux ;
C'est qu'un matin d'avril, un beau cavalier pâle,
Un pauvre fou s'assit, muet, à tes genoux !

Ciel ! Amour ! Liberté ! Quel rêve, ô pauvre Folle !
Tu te fondais à lui comme une neige au feu.
Tes grandes visions étranglaient ta parole :
— Un Infini terrible effara ton œil bleu !

III

— Et le Poète dit qu'aux rayons des étoiles
Tu viens chercher, la nuit, les fleurs que tu cueillis ;
Et qu'il a vu sur l'eau, couchée en ses longs voiles,
La blanche Ophélia flotter, comme un grand lys.

LE CHATIMENT DE TARTUFE

Tisonnant, tisonnant son cœur amoureux sous
Sa chaste robe noire, heureux, la main gantée,
Un jour qu'il s'en allait, effroyablement doux,
Jaune, bavant la foi de sa bouche édentée,

Un jour qu'il s'en allait, « Orémus, » — un Méchant
Le prit rudement par son oreille benoîte
Et lui jeta des mots affreux, en arrachant
Sa chaste robe noire autour de sa peau moite !

Châtiment !... Ses habits étaient déboutonnés,
Et le long chapelet des péchés pardonnés
S'égrenant dans son cœur, saint Tartufe était pâle !...

Donc, il se confessait, priait, avec un râle !
L'homme se contenta d'emporter ses rabats...
— Peuh ! Tartufe était nu du haut jusques en bas !

A LA MUSIQUE

Place de la Gare, à Charleville.

Sur la place taillée en mesquines pelouses,
Square où tout est correct, les arbres et les fleurs,
Tous les bourgeois poussifs qu'étranglent les chaleurs
Portent, les jeudis soirs, leurs bêtises jalouses.

Un orchestre guerrier, au milieu du jardin,
Balance ses schakos dans la Valse des fifres :
On voit, aux premiers rangs, parader le gandin,
Les notaires montrent leurs breloques à chiffres :

Des rentiers à lorgnons soulignent tous les couacs ;
Les gros bureaux bouffis trainent leurs grosses dames,
Auprès desquelles vont, officieux cornacs,
Celles dont les volants ont des airs de réclames ;

Sur les bancs verts, des clubs d'épiciers retraités
Qui tisonnent le sable avec leur canne à pomme,
Fort sérieusement discutent des traités,
Puis prisent en argent, mieux que monsieur Prud'homme !

Étalant sur un banc les rondeurs de ses reins,
Un bourgeois bienheureux, à bedaine flamande,
Savoure, s'abîmant en des rêves divins,
La musique française et la pipe allemande !

Au bord des gazons frais ricanent les voyous ;
Et, rendus amoureux par le chant des trombones,
Très naïfs, et fumant des roses, des pioupious
Caressent les bébés pour enjôler les bonnes...

— Moi, je suis, débraillé comme un étudiant,
Sous les marronniers verts, les alertes fillettes :
Elles le savent bien, et tournent en riant,
Vers moi, leurs yeux tout pleins de choses indiscrètes.

Je ne dis pas un mot : je regarde toujours
La chair de leurs cous blancs brodés de mèches folles ;
Je suis, sous leur corsage et les frêles atours,
Le dos divin après la courbe des épaules...

Je cherche la bottine... et je vais jusqu'aux bas ;
Je reconstruis le corps, brûlé de belles fièvres.
Elles me trouvent drôle et se parlent tout bas...
— Et je sens les baisers qui me viennent aux lèvres...

LE FORGERON

Palais des Tuileries, vers le 10 *août* 92.

Le bras sur un marteau gigantesque, effrayant
D'ivresse et de grandeur, le front vaste, riant
Comme un clairon d'airain, avec toute sa bouche,
Et prenant ce gros-là dans son regard farouche,
Le Forgeron parlait à Louis Seize, un jour
Que le Peuple était là, se tordant tout autour,
Et sur les lambris d'or traînant sa veste sale.
Or le bon roi, debout sur son ventre, était pâle,
Pâle comme un vaincu qu'on prend pour le gibet,
Et, soumis comme un chien, jamais ne regimbait,
Car ce maraud de forge aux énormes épaules
Lui disait de vieux mots et des choses si drôles,
Que cela l'empoignait au front, comme cela !

« Or, tu sais bien, Monsieur, nous chantions tra la la
Et nous piquions les bœufs vers les sillons des autres :
Le Chanoine au soleil filait des patenôtres
Sur des chapelets clairs grenés de pièces d'or.
Le Seigneur, à cheval, passait, sonnant du cor
Et l'un avec la hart, l'autre avec la cravache
Nous fouaillaient. — Hébétés comme des yeux de vache,
Nos yeux ne pleuraient plus ; nous allions, nous allions,
Et quand nous avions mis le pays en sillons,
Quand nous avions laissé dans cette terre noire
Un peu de notre chair... nous avions un pourboire :
On nous faisait flamber nos taudis dans la nuit,
Nos petits y faisaient un gâteau fort bien cuit.

... « Oh ! je ne me plains pas. Je te dis mes bêtises,
C'est entre nous. J'admets que tu me contredises.
Or, n'est-ce pas joyeux de voir, au mois de juin
Dans les granges entrer des voitures de foin
Enormes ? De sentir l'odeur de ce qui pousse,
Des vergers quand il pleut un peu, de l'herbe rousse ?
De voir des blés, des blés, des épis pleins de grain,
De penser que cela prépare bien du pain...
Oh ! plus fort, on irait, au fourneau qui s'allume,
Chanter joyeusement en martelant l'enclume,
Si l'on était certain de pouvoir prendre un peu,
Etant homme, à la fin ! de ce que donne Dieu !

LE FORGERON

— Mais voilà, c'est toujours la même vieille histoire !...
« Mais je sais, maintenant ! Moi je ne peux plus croire,
Quand j'ai deux bonnes mains, mon front et mon marteau,
Qu'un homme vienne là, dague sur le manteau,
Et me dise : Mon gars, ensemence ma terre ;
Que l'on arrive encor, quand ce serait la guerre,
Me prendre mon garçon comme cela, chez moi !
— Moi, je serais un homme, et toi, tu serais roi,
Tu me dirais : Je veux !... — Tu vois bien, c'est stupide.
Tu crois que j'aime voir ta baraque splendide,
Tes officiers dorés, tes mille chenapans,
Tes palsembleu bâtards tournant comme des paons :
Ils ont rempli ton nid de l'odeur de nos filles
Et de petits billets pour nous mettre aux Bastilles
Et nous dirons : C'est bien ; les pauvres à genoux !
Nous dorerons ton Louvre en donnant nos gros sous !
Et tu te soûleras, tu feras belle fête.
— Et ces Messieurs riront, les reins sur notre tête !
« Non. Ces saletés-là datent de nos papas !
Oh ! Le Peuple n'est plus une putain. Trois pas
Et, tous, nous avons mis ta Bastille en poussière.
Cette bête suait du sang à chaque pierre
Et c'était dégoûtant, la Bastille debout
Avec ses murs lépreux qui nous racontaient tout
Et, toujours, nous tenaient enfermés dans leur ombre !
— Citoyen ! citoyen ! c'était le passé sombre

Qui croulait, qui râlait, quand nous prîmes la tour !
Nous avions quelque chose au cœur comme l'amour.
Nous avions embrassé nos fils sur nos poitrines.
Et, comme des chevaux, en soufflant des narines
Nous allions, fiers et forts, et ça nous battait là...
Nous marchions au soleil, front haut ; comme cela, —
Dans Paris ! On venait devant nos vestes sales.
Enfin ! Nous nous sentions Hommes ! Nous étions pâles,
Sire, nous étions soûls de terribles espoirs :
Et quand nous fûmes là, devant les donjons noirs,
Agitant nos clairons et nos feuilles de chêne,
Les piques à la main ; nous n'eûmes pas de haine,
— Nous nous sentions si forts, nous voulions être doux !

. . . .
. . . .

« Et depuis ce jour-là, nous sommes comme fous !
Le tas des ouvriers a monté dans la rue,
Et ces maudits s'en vont, foule toujours accrue
De sombres revenants, aux portes des richards.
Moi, je cours avec eux assommer les mouchards :
Et je vais dans Paris, noir, marteau sur l'épaule,
Farouche, à chaque coin balayant quelque drôle,
Et, si tu me riais au nez, je te tuerais !
— Puis, tu peux y compter, tu te feras des frais

Avec tes hommes noirs, qui prennent nos requêtes
Pour se les renvoyer comme sur des raquettes
Et, tout bas, les malins se disent : « Qu'ils sont sots ! »
Pour mitonner des lois, coller de petits pots
Pleins de jolis décrets roses et de droguailles,
S'amuser à couper proprement quelques tailles,
Puis se boucher le nez quand nous marchons près d'eux,
— Nos doux représentants qui nous trouvent crasseux ! —
Pour ne rien redouter, rien, que les baïonnettes...,
C'est très bien. Foin de leur tabatière à sornettes !
Nous en avons assez, là, de ces cerveaux plats
Et de ces ventres-dieux. Ah ! ce sont là les plats
Que tu nous sers, bourgeois, quand nous sommes féroces,
Quand nous brisons déjà les sceptres et les crosses !...

. . . .

Il le prend par le bras, arrache le velours
Des rideaux, et lui montre en bas les larges cours
Où fourmille, où fourmille, où se lève la foule,
La foule épouvantable avec des bruits de houle,
Hurlant comme une chienne, hurlant comme une mer,
Avec ses bâtons forts et ses piques de fer,
Ses tambours, ses grands cris de halles et de bouges,
Tas sombre de haillons saignants de bonnets rouges :
L'Homme, par la fenêtre ouverte, montre tout
Au roi pâle et suant qui chancelle debout,

Malade à regarder cela !
                « C'est la crapule,
Sire. Ça bave aux murs, ça monte, ça pullule :
— Puisqu'ils ne mangent pas, Sire, ce sont des gueux !
Je suis un forgeron : ma femme est avec eux,
Folle ! Elle croit trouver du pain aux Tuileries !
— On ne veut pas de nous dans les boulangeries.
J'ai trois petits. Je suis crapule. — Je connais
Des vieilles qui s'en vont pleurant sous leurs bonnets
Parce qu'on leur a pris leur garçon ou leur fille :
C'est la crapule. — Un homme était à la Bastille,
Un autre était forçat : et, tous deux, citoyens
Honnêtes. Libérés, ils sont comme des chiens :
On les insulte ! Alors, ils ont là quelque chose
Qui leur fait mal, allez ! C'est terrible, et c'est cause
Que, se sentant brisés, que, se sentant damnés,
Ils sont là, maintenant, hurlant sous votre nez !
Crapule. — Là dedans sont des filles, infâmes
Parce que, — vous saviez que c'est faible, les femmes,
Messeigneurs de la cour, — que ça veut toujours bien,
Vous avez craché sur l'âme, comme rien !
Vos belles, aujourd'hui, sont là. C'est la crapule.

. . . .

« Oh ! tous les malheureux, tous ceux dont le dos brûle

Sous le soleil féroce, et qui vont, et qui vont,
Qui dans ce travail-là sentent crever leur front.
Chapeau bas, mes bourgeois ! Oh ! ceux-là sont les Hommes !
Nous sommes Ouvriers, Sire ! Ouvriers ! Nous sommes
Pour les grands temps nouveaux où l'on voudra savoir,
Où l'Homme forgera du matin jusqu'au soir,
Chasseur des grands effets, chasseur des grandes causes,
Où, lentement vainqueur, il domptera les choses
Et montera sur Tout, comme sur un cheval !
Oh ! splendides lueurs des forges ! Plus de mal,
Plus ! — Ce qu'on ne sait pas, c'est peut-être terrible :
Nous saurons ! — Nos marteaux en main ; passons au crible
Tout ce que nous savons : puis, Frères, en avant !
Nous faisons quelquefois ce grand rêve émouvant
De vivre simplement, ardemment, sans rien dire
De mauvais, travaillant sous l'auguste sourire
D'une femme qu'on aime avec un noble amour :
Et l'on travaillerait fièrement tout le jour,
Ecoutant le devoir comme un clairon qui sonne :
Et l'on se sentirait très heureux : et personne
Oh ! personne, surtout, ne vous ferait ployer !
On aurait un fusil au-dessus du foyer...

. . . .

« Oh ! mais l'air est tout plein d'une odeur de bataille !
Que te disais-je donc ? Je suis de la canaille !

Il reste des mouchards et des accapareurs.
Nous sommes libres, nous ! Nous avons des terreurs
Où nous nous sentons grands, oh ! si grands ! Tout à l'heure
Je parlais de devoir calme, d'une demeure...
Regarde donc le ciel ! — C'est trop petit pour nous,
Nous crèverions de chaud, nous serions à genoux !
Regarde donc le ciel ! — Je rentre dans la foule,
Dans la grande canaille effroyable qui roule,
Sire, tes vieux canons sur les sales pavés ;
— Oh ! quand nous serons morts, nous les aurons lavés.
— Et si, devant nos cris, devant notre vengeance,
Les pattes des vieux rois mordorés, sur la France
Poussaient leurs régiments en habits de gala,
Eh bien, n'est-ce pas, vous tous ? Merde à ces chiens-là ! »

. . . .

— Il reprit son marteau sur l'épaule.
          La foule
Près de cet homme-là se sentait l'âme soûle,
Et, dans la grande cour, dans les appartements,
Où Paris haletait avec des hurlements,
Un frisson secoua l'immense populace.
Alors, de sa main large et superbe de crasse
Bien que le roi ventru suât, le Forgeron,
Terrible, lui jeta le bonnet rouge au front !

SOLEIL ET CHAIR

Le Soleil, le foyer de tendresse et de vie,
Verse l'amour brûlant à la terre ravie,
Et, quand on est couché sur la vallée, on sent
Que la terre est nubile et déborde de sang ;
Que son immense sein, soulevé par une âme,
Est d'amour comme dieu, de chair comme la femme.
Et qu'il renferme, gros de sève et de rayons,
Le grand fourmillement de tous les embryons !

Et tout croit, et tout monte !
                    O Vénus, ô Déesse !
Je regrette les temps de l'antique jeunesse,
Des satyres lascifs, des faunes animaux,
Dieux qui mordaient d'amour l'écorce des rameaux
Et dans les nénufars baisaient la Nymphe blonde !
Je regrette les temps où la sève du monde,

L'eau du fleuve, le sang rose des arbres verts
Dans les veines de Pan mettaient un univers !
Où le sol palpitait, vert, sous ses pieds de chèvre ;
Où, baisant mollement le clair syrinx, sa lèvre
Modulait sous le ciel le grand hymne d'amour ;
Où, debout sur la plaine, il entendait autour
Répondre à son appel la Nature vivante ;
Où, les arbres muets, berçant l'oiseau qui chante,
La terre berçant l'homme, et tout l'Océan bleu
Et tous les animaux, aimaient, aimaient en Dieu !
Je regrette les temps de la grande Cybèle
Qu'on disait parcourir, gigantesquement belle,
Sur un grand char d'airain, les splendides cités ;
Son double sein versait dans les immensités
Le pur ruissellement de la vie infinie.
L'Homme suçait, heureux, sa mamelle bénie,
Comme un petit enfant, jouant sur ses genoux.
— Parce qu'il était fort, l'Homme était chaste et doux.

Misère ! Maintenant il dit : Je sais les choses,
Et va, les yeux fermés et les oreilles closes :
— Et pourtant, plus de dieux ! plus de dieux ! l'Homme est Roi
L'Homme est Dieu ! Mais l'Amour, voilà la grande Foi !
Oh ! si l'homme puisait encore à ta mamelle,
Grande mère des dieux et des hommes, Cybèle ;

S'il n'avait pas laissé l'immortelle Astarté
Qui jadis, émergeant dans l'immense clarté
Des flots bleus, fleur de chair que la vague parfume,
Montra son nombril rose où vint neiger l'écume,
Et fit chanter, Déesse aux grands yeux noirs vainqueurs,
Le rossignol aux bois et l'amour dans les cœurs !

II

Je crois en toi ! je crois en toi ! Divine mère,
Aphrodité marine ! — Oh ! la route est amère
Depuis que l'autre Dieu nous attelle à sa croix ;
Chair, Marbre, Fleur, Vénus, c'est en toi que je crois !
— Oui l'Homme est triste et laid, triste sous le ciel vaste,
Il a des vêtements, parce qu'il n'est plus chaste,
Parce qu'il a sali son fier buste de Dieu,
Et qu'il a rabougri, comme une idole au feu,
Son corps olympien aux servitudes sales !
Oui, même après la mort, dans les squelettes pâles
Il veut vivre, insultant la première beauté !
— Et l'Idole où tu mis tant de virginité,
Où tu divinisas notre argile, la Femme,
Afin que l'homme pût éclairer sa pauvre âme

Et monter lentement, dans un immense amour,
De la prison terrestre à la beauté du jour,
La femme ne sait plus même être courtisane.
— C'est une bonne farce ! et le monde ricane
Au nom doux et sacré de la grande Vénus !

III

Si les temps revenaient, les temps qui sont venus !
— Car l'Homme a fini ! l'Homme a joué tous les rôles !
Au grand jour, fatigué de briser des idoles
Il ressuscitera, libre de tous ses Dieux,
Et, comme il est du ciel, il scrutera les cieux !
L'Idéal, la pensée invincible, éternelle,
Tout le dieu qui vit, sous son argile charnelle,
Montera, montera, brûlera sous son front !
Et quand tu le verras sonder tout l'horizon,
Contempteur des vieux jougs, libre de toute crainte,
Tu viendras lui donner la Rédemption sainte !
— Splendide, radieuse, au sein des grandes mers
Tu surgiras, jetant sur le vaste Univers
L'Amour infini dans un infini sourire !
Le Monde vibrera comme une immense lyre

Dans le frémissement d'un immense baiser :

— Le Monde a soif d'amour : tu viendras l'apaiser.
. . . .

IV

O splendeur de la chair ! ô splendeur idéale !
O renouveau d'amour, aurore triomphale
Où, courbant à leurs pieds les Dieux et les Héros
Callipyge la blanche et le petit Eros
Effleureront, couverts de la neige des roses,
Les femmes et les fleurs sous leurs beaux pieds écloses !
O grande Ariadné, qui jettes tes sanglots
Sur la rive, en voyant fuir là-bas sur les flots,
Blanche sous le soleil, la voile de Thésée,
O douce vierge enfant qu'une nuit a brisée,
Tais-toi ! Sur son char d'or brodé de noirs raisins,
Lysios, promené dans les champs Phrygiens
Par les tigres lascifs et les panthères rousses,
Le long des fleuves bleus rougit les sombres mousses.
Zeus, Taureau, sur son cou berce comme une enfant
Le corps nu d'Europe, qui jette son bras blanc

Au cou nerveux du Dieu frissonnant dans la vague,
Il tourne lentement vers elle son œil vague ;
Elle, laisse traîner sa pâle joue en fleur
Au front de Zeus ; ses yeux sont fermés ; elle meurt
Dans un divin baiser, et le flot qui murmure
De son écume d'or fleurit sa chevelure.
— Entre le laurier-rose et le lotus jaseur
Glisse amoureusement le grand Cygne rêveur
Embrassant la Léda des blancheurs de son aile ;
— Et tandis que Cypris passe, étrangement belle,
Et, cambrant les rondeurs splendides de ses reins,
Etale fièrement l'or de ses larges seins
Et son ventre neigeux brodé de mousse noire,
— Héraclès, le Dompteur, qui, comme d'une gloire,
Fort, ceint son vaste corps de la peau du lion,
S'avance, front terrible et doux, à l'horizon !

Par la lune d'été vaguement éclairée,
Debout, nue, et rêvant dans sa pâleur dorée
Que tache le flot lourd de ses longs cheveux bleus ;
Dans la clairière sombre où la mousse s'étoile,
La Dryade regarde au ciel silencieux...
— La blanche Séléné laisse flotter son voile,
Craintive, sur les pieds du bel Endymion,
Et lui jette un baiser dans un pâle rayon...

— La Source pleure au loin dans une longue extase...
C'est la Nymphe qui rêve, un coude sur son vase,
Au beau jeune homme blanc que son onde a pressé.
— Une brise d'amour dans la nuit a passé,
Et, dans les bois sacrés, dans l'horreur des grands arbres,
Majestueusement debout, les sombres Marbres,
Les Dieux, au front desquels le Bouvreuil fait son nid,
— Les Dieux écoutent l'Homme et le Monde infini !

Mai 1870.

LE DORMEUR DU VAL

C'est un trou de verdure où chante une rivière
Accrochant follement aux herbes des haillons
D'argent ; où le soleil, de la montagne fière,
Luit : c'est un petit aval qui mousse de rayons.

Un soldat jeune, bouche ouverte, tête nue,
Et la nuque baignant dans le frais cresson bleu,
Dort ; il est étendu dans l'herbe, sous la nue,
Pâle dans son lit vert où la lumière pleut.

Les pieds dans les glaïeuls, il dort. Souriant comme
Sourirait un enfant malade, il fait un somme :
Nature, berce-le chaudement : il a froid.

Les parfums ne font pas frissonner sa narine ;
Il dort dans le soleil, la main sur sa poitrine
Tranquille. Il a deux trous rouges au côté droit.

Octobre 1870.

AU CABARET-VERT

Cinq heures du soir.

Depuis huit jours, j'avais déchiré mes bottines
Aux cailloux des chemins. J'entrais à Charleroi,
— *Au Cabaret-Vert* : je demandai des tartines
De beurre et du jambon qui fût à moitié froid.

Bienheureux, j'allongeai les jambes sous la table
Verte : je contemplai les sujets très naïfs
De la tapisserie. — Et ce fut adorable,
Quand la fille aux tétons énormes, aux yeux vifs,

— Celle-là, ce n'est pas un baiser qui l'épeure ! —
Rieuse, m'apporta des tartines de beurre,
Du jambon tiède, dans un plat colorié,

Du jambon rose et blanc parfumé d'une gousse
D'ail, — et m'emplit la chope immense, avec sa mousse
Que dorait un rayon de soleil arriéré.

Octobre 1870.

LA MALINE

Dans la salle à manger brune, que parfumait
Une odeur de vernis et de fruits, à mon aise
Je ramassais un plat de je ne sais quel met
Belge, et je m'épatais dans mon immense chaise.

En mangeant, j'écoutais l'horloge, — heureux et coi.
La cuisine s'ouvrit avec une bouffée
— Et la servante vint, je ne sais pas pourquoi,
Fichu moitié défait, malinement coiffée.

Et tout en promenant son petit doigt tremblant
Sur sa joue, un velours de pêche rose et blanc,
En faisant, de sa lèvre enfantine, une moue,

Elle arrangeait les plats, près de moi, pour m'aiser ;
— Puis, comme ça, — bien sûr pour avoir un baiser, —
Tout bas : « Sens donc : j'ai pris une froid sur la joue... »

Charleroi, octobre 1870.

L'ÉCLATANTE VICTOIRE

DE SARREBRUCK

REMPORTÉE AUX CRIS DE VIVE L'EMPEREUR !

(Gravure belge brillamment coloriée, se vend à Charleroi
35 centimes.)

Au milieu, l'Empereur, dans une apothéose
Bleue et jaune, s'en va, raide, sur son dada
Flamboyant ; très heureux, — car il voit tout en rose,
Féroce comme Zeus et doux comme un papa ;

En bas, les bons Pioupious qui faisaient la sieste
Près des tambours dorés et des rouges canons,
Se lèvent gentiment. Pitou remet sa veste,
Et, tourné vers le Chef, s'étourdit de grands noms

A droite, Dumanet, appuyé sur la crosse
De son chassepot, sent frémir sa nuque en brosse,
Et : « Vive l'Empereur !! » — Son voisin reste coi...

Un schako surgit, comme un soleil noir... — Au centre.
Boquillon, rouge et bleu, très naïf, sur son ventre
Se dresse, et, — présentant ses derrières : « De quoi?... »

Octobre 1870.

RÊVÉ POUR L'HIVER

A Elle.

L'hiver, nous irons dans un petit wagon rose
    Avec des coussins bleus.
Nous serons bien. Un nid de baisers fous repose
    Dans chaque coin moelleux.

Tu fermeras l'œil, pour ne point voir, par la glace,
    Grimacer les ombres des soirs,
Ces monstruosités hargneuses, populace
    De démons noirs et de loups noirs.

Puis tu te sentiras la joue égratignée...
Un petit baiser, comme une folle araignée,
    Te courra par le cou...

Et tu me diras : « Cherche ! » en inclinant la tête ;
— Et nous prendons du temps à trouver cette bête !
    — Qui voyage beaucoup...

  En wagon, le 7 octobre 1870.

LE BUFFET

C'est un large buffet sculpté ; le chêne sombre,
Très vieux, a pris cet air si bon des vieilles gens ;
Le buffet est ouvert, et verse dans son ombre
Comme un flot de vin vieux, des parfums engageants ;

Tout plein, c'est un fouillis de vieilles vieilleries,
De linges odorants et jaunes, de chiffons
De femmes ou d'enfants, de dentelles flétries,
De fichus de grand'mère où sont peints des griffons ;

— C'est là qu'on trouverait les médaillons, les mèches
De cheveux blancs ou blonds, les portraits, les fleurs sèches
Dont le parfum se mêle à des parfums de fruits.

— O buffet du vieux temps, tu sais bien des histoires,
Et tu voudrais conter tes contes, et tu bruis
Quand s'ouvrent lentement tes grandes portes noires.

Octobre 1870.

MA BOHÊME

(*Fantaisie.*)

Je m'en allais, les poings dans mes poches crevées ;
Mon paletot aussi devenait idéal ;
J'allais sous le ciel, Muse ! et j'étais ton féal ;
Oh ! là là ! que d'amours splendides j'ai rêvées !

Mon unique culotte avait un large trou.
— Petit Poucet rêveur, j'égrenais dans ma course
Des rimes. Mon auberge était à la Grande-Ourse ;
— Mes étoiles au ciel avaient un doux frou-frou.

Et je les écoutais, assis au bord des routes,
Ces bons soirs de septembre où je sentais des gouttes
De rosée à mon front, comme un vin de vigueur ;

Où, rimant au milieu des ombres fantastiques,
Comme des lyres, je tirais les élastiques
De mes souliers blessés, un pied près de mon cœur !

Octobre 1870.

ENTENDS COMME BRAME

Entends comme brame
près des acacias
en avril la rame
viride du pois !

Dans sa vapeur nette,
vers Phœbé ! tu vois
s'agiter la tête
de saints d'autrefois...

Loin des claires meules
des caps, des beaux toits,
ces chers Anciens veulent
ce philtre sournois...

Or ni fériale
ni astrale ! n'est
la brume qu'exhale
ce nocturne effet.

Néanmoins ils restent,
— Sicile, Allemagne,
dans ce brouillard triste
et blêmi, justement !

CHANT DE GUERRE PARISIEN

Le printemps est évident, car
Du cœur des Propriétés vertes
Le vol de Thiers et de Picard
Tient ses splendeurs grandes ouvertes.

O mai ! Quels délirants cul-nus !
Sèvres, Meudon, Bagneux, Asnières,
Écoutez donc les bienvenus
Semer les choses printanières !

Ils ont schako, sabre et tam-tam
Non la vieille boîte à bougies
Et des yoles qui n'ont jam...jam...
Fendent le lac aux eaux rougies !...

Plus que jamais nous bambochons
Quand arrivent sur nos tanières**
Crouler les jaunes cabochons
Dans des aubes particulières.

Thiers et Picard sont des Eros
Des enleveurs d'héliotropes
Au pétrole ils font des Corots.
Voici hannetonner leurs tropes...

Ils sont familiers du grand turc !...
Et couché dans les glaïeuls, Favre,
Fait son cillement aqueduc
Et ses reniflements à poivre !

La Grand'Ville a le pavé chaud
Malgré vos douches de pétrole
Et décidément il nous faut
Nous secouer dans votre rôle...

Et les ruraux qui se prélassent
Dans de longs accroupissements
Entendront des rameaux qui cassent
Parmi les rouges froissements.

** Quand viennent sur nos fourmilières (*var. de l'auteur*).

MES PETITES AMOUREUSES

Un hydrolat lacrymal lave
    Les cieux vert-chou :
Sous l'arbre tendronnier qui bave
    Vos caoutchoucs.

Blancs de lunes particulières
    Aux pialats ronds,
Entre-choquez vos genouillères
    Mes laiderons !

Nous nous aimions à cette époque,
    Bleu laideron :
On mangeait des œufs à la coque
    Et du mouron !

Un soir tu me sacras poète,
       Blond laideron.
Descends ici que je te fouette
       En mon giron ;

J'ai dégueulé ta bandoline,
       Noir laideron ;
Tu couperais ma mandoline
       Au fil du front.

Pouah ! nos salives desséchées,
       Roux laideron,
Infectent encor les tranchées
       De ton sein rond !

O mes petites amoureuses
       Que je vous hais !
Plaquez de fouffes douloureuses,
       Vos tétons laids !

Piétinez mes vieilles terrines
       De sentiment ;
Hop donc, soyez-moi ballerines
       Pour un moment...

Vos omoplates se déboitent
 O mes amours !
Une étoile à vos reins qui boîtent
 Tournez vos tours.

Est-ce pourtant pour ces éclanches
 Que j'ai rimé !
Je voudrais vous casser les hanches
 D'avoir aimé !

Fade amas d'étoiles ratées
 Comblez les coins
— Vous creverez en Dieu, bâtées
 D'ignobles soins !

Sous les lunes particulières
 Aux pialats ronds
Entre-choquez vos genouillères,
 Mes laiderons !

LES POÈTES DE SEPT ANS

A M. P. Demeny.

Et la Mère, fermant le livre du devoir,
S'en allait satisfaite et très fière, sans voir
Dans les yeux bleus et sous le front plein d'éminences,
L'âme de son enfant livrée aux répugnances.

Tout le jour il suait d'obéissance ; très
Intelligent ; pourtant des tics noirs, quelques traits,
Semblaient prouver en lui d'âcres hypocrisies.
Dans l'ombre des couloirs aux tentures moisies,
En passant il tirait la langue, les deux poings
A l'aine, et dans ses yeux fermés voyait des points.
Une porte s'ouvrait sur le soir ; à la lampe
On le voyait, là-haut qui râlait sur la rampe,

Sous un golfe de jour pendant du toit. L'été
Surtout, vaincu, stupide, il était entêté
A se renfermer dans la fraîcheur des latrines :
Il pensait là, tranquille et livrant ses narines.
Quand, lavé des odeurs du jour, le jardinet
Derrière la maison, en hiver s'illunait,
Gisant au pied d'un mur, enterré dans la marne
Et pour des visions écrasant son œil darne,
Il écoutait grouiller les galeux espaliers.
Pitié ! Ces enfants seuls étaient ses familiers
Qui, chétifs, fronts nus, œil déteignant sur la joue,
Cachant de maigres doigts jaunes et noirs de boue,
Sous des habits puant la foire et tout vieillots,
Conversaient avec la douceur des idiots !
Et si, l'ayant surpris à des pitiés immondes,
Sa mère s'effrayait ; les tendresses profondes
De l'enfant se jetaient sur cet étonnement.
C'était bon. Elle avait le bleu regard, — qui ment !

A sept ans, il faisait des romans sur la vie
Du grand désert, où luit la Liberté ravie,
Forêts, soleils, rives, savanes ! — Il s'aidait
De journaux illustrés où, rouge, il regardait
Des Espagnoles rire et des Italiennes.
Quand venait, l'œil brun, folle, en robes d'indiennes,
— Huit ans, — la fille des ouvriers d'à côté,

La petite brutale, et qu'elle avait sauté,
Dans un coin, sur son dos, en secouant ses tresses,
Et qu'il était sous elle, il lui mordait les fesses,
Car elle ne portait jamais de pantalons ;
— Et, par elle meurtri des poings et des talons
Remportait les saveurs de sa peau dans sa chambre.

Il craignait les blafards dimanches de décembre,
Où, pommadé, sur un guéridon d'acajou,
Il lisait une Bible à la tranche vert-chou ;
Des rêves l'oppressaient chaque nuit dans l'alcôve.
Il n'aimait pas Dieu ; mais les hommes, qu'au soir fauve,
Noirs, en blouse, il voyait rentrer dans le faubourg
Où les crieurs, en trois roulements de tambour
Font autour des édits rire et gronder les foules.
— Il rêvait la prairie amoureuse, où des houles
Lumineuses, parfums sains, pubescences d'or,
Font leur remuement calme et prennent leur essor !

Et comme il savourait surtout les sombres choses,
Quand, dans la chambre nue aux persiennes closes,
Haute et bleue, âcrement prise d'humidité,
Il lisait son roman sans cesse médité,
Plein de lourds ciels ocreux et de forêts noyées,
De fleurs de chair aux bois sidérals déployées,

Vertige, écroulements, déroutes et pitié !
— Tandis que se faisait la rumeur du quartier,
En bas, — seul, et couché sur des pièces de toile
Écrue, et pressentant violemment la voile !

26 mai 1871.

LE CŒUR VOLÉ.

Mon pauvre cœur bave à la poupe,
Mon cœur est plein de caporal ;
Ils lui lancent des jets de soupe,
Mon triste cœur bave à la poupe.
Sous les quolibets de la troupe
Qui pousse un rire général,
Mon triste cœur bave à la poupe
Mon cœur est plein de caporal !

Ithyphalliques et pioupiesques,
Leurs insultes l'ont dépravé.
A la vesprée, ils font des fresques
Ithyphalliques et pioupiesques.

O flots abracadabrantesques
Prenez mon cœur, qu'il soit sauvé !
Ithylphalliques et pioupiesques
Leurs insultes l'ont dépravé !

Quand ils auront tari leurs chiques,
Comment agir, ô cœur volé ?
Ce seront des refrains bachiques
Quand ils auront tari leurs chiques :
J'aurai des sursauts stomachiques
Si mon cœur triste est ravalé :
Quand ils auront tari leurs chiques,
Comment agir, ô cœur volé ?

TÊTE DE FAUNE

Dans la feuillée, écrin vert taché d'or,
Dans la feuillée incertaine et fleurie,
D'énormes fleurs où l'âcre baiser dort,
Vif et devant l'exquise broderie,

Le Faune affolé montre ses grands yeux
Et mord la fleur rouge avec ses dents blanches
Brunie et sanglante ainsi qu'un vin vieux,
Sa lèvre éclate en rires par les branches ;

Et quand il a fui, tel un écureuil,
Son rire perle encore à chaque feuille
Et l'on croit épeuré par un bouvreuil
Le baiser d'or du bois qui se recueille.

POISON PERDU

Des nuits du blond et de la brune
Pas un souvenir n'est resté ;
Pas une dentelle d'été,
Pas une cravate commune.

Et sur le balcon, où le thé
Se prend aux heures de la lune.
Il n'est resté de trace aucune,
Aucun souvenir n'est resté,

Au bord d'un rideau bleu piquée,
Luit une épingle à tête d'or
Comme un gros insecte qui dort.

Pointe d'un fin poison trempée,
Je te prends, sois-moi préparée
Aux heures des désirs de mort.

LES CORBEAUX

Seigneur, quand froide est la prairie,
Quand dans les hameaux abattus,
Les longs angelus se sont tus
Sur la nature défleurie,
Faites s'abattre des grands cieux
Les chers corbeaux délicieux.

Armée étrange aux cris sévères,
Les vents froids attaquent vos nids !
Vous, le long des fleuves jaunis,
Sur les routes aux vieux calvaires,
Sur les fossés et sur les trous,
Dispersez-vous, ralliez-vous !

Par milliers, sur les champs de France,
Où dorment les morts d'avant-hier,
Tournoyez, n'est-ce pas, l'hiver,
Pour que chaque passant repense !
Sois donc le crieur du devoir,
O notre funèbre oiseau noir !

Mais, saints du ciel, en haut du chêne,
Mât perdu dans le soir charmé,
Laissez les fauvettes de mai
Pour ceux qu'au fond du bois enchaîne,
Dans l'herbe d'où l'on ne peut fuir,
La défaite sans avenir.

1872.

PATIENCE

D'un été.

Aux branches claires des tilleuls
Meurt un maladif hallali.
Mais des chansons spirituelles
Voltigent partout les groseilles.
Que notre sang rie en nos veines
Voici s'enchevêtrer les vignes.
Le ciel est joli comme un ange
Azur et Onde communient.
Je sors ! Si un rayon me blesse,
Je succomberai sur la mousse.

Qu'on patiente et qu'on s'ennuie,
C'est si simple !... Fi de ces peines !

Je veux que l'été dramatique
Me lie à son char de fortune.
Que par toi beaucoup, ô Nature,
— Ah ! moins nul et moins seul ! je meure,
Au lieu que les bergers, c'est drôle,
Meurent à peu près par le monde.

Je veux bien que les saisons m'usent.
A toi, Nature ! je me rends,
Et ma faim et toute ma soif ;
Et s'il te plaît, nourris, abreuve.
Rien de rien ne m'illusionne ;
C'est rire aux parents qu'au soleil ;
Mais moi je ne veux rire à rien,
Et libre soit cette infortune.

JEUNE MÉNAGE

La chambre est ouverte au ciel bleu turquin ;
Pas de place : des coffrets et des huches !
Dehors le mur est plein d'aristoloches
Où vibrent les gencives des lutins.

Que ce sont bien intrigues de génies
Cette dépense et ces désordres vains !
C'est la fée africaine qui fournit
La mûre, et les résilles dans les coins.

Plusieurs entrent, marraines mécontentes,
En pans de lumière dans les buffets,
Puis y restent ! le ménage s'absente
Peu sérieusement, et rien ne se fait.

Le marié a le vent qui le floue
Pendant son absence, ici, tout le temps.
Même des esprits des eaux malfaisants
Entrent vaguer aux sphères de l'alcôve.

La nuit, l'amie oh, la lune de miel
Cueillera leur sourire et remplira
De mille bandeaux de cuivre le ciel.
Puis ils auront affaire au malin rat.

— S'il n'arrive pas un feu follet blême,
Comme un coup de fusil, après des vêpres.
— O spectres saints et blancs de Bethléem,
Charmez plutôt le bleu de leur fenêtre !

27 juin 1872.

MÉMOIRE

I

L'eau claire ; comme le sel des larmes d'enfance ;
L'assaut au soleil des blancheurs des corps de femmes ;
La soie, en foule et de lys pur des oriflammes
Sous les murs dont quelque pucelle eut la défense ;

L'ébat des anges ; — non... le courant d'or en marche,
Meut ses bras, noirs, et lourds, et frais surtout, d'herbe. Elle.
Sombre, ayant le ciel bleu pour ciel de lit, appelle
Pour rideaux l'ombre de la colline et de l'arche.

II

Eh! l'humide carreau tend ses bouillons limpides !
L'eau meuble d'or pâle et sans fond les couches prêtes.
Les robes vertes et déteintes des fillettes
Font les saules, d'où sautent les oiseaux sans brides.

Plus pure qu'un louis, jaune et chaude paupière
Le souci d'eau — ta foi conjugale, ô l'Épouse ! —
Au midi prompt, de son terne miroir, jalouse
Au ciel gris de chaleur la sphère rose et chère.

III

Madame se tient trop debout dans la prairie
Prochaine où neigent les fils du travail ; l'ombrelle
Aux doigts ; foulant l'ombelle ; trop fière pour elle
Des enfants lisant dans la verdure fleurie

Leur livre de maroquin rouge ! Hélas, Lui, comme
Mille anges blancs qui se séparent sur la route,
S'éloigne par delà la montagne ! Elle, toute
Froide, et noire, court ! après le départ de l'homme !

IV

Regrets des bras épais et jeunes d'herbe pure !
Or des lunes d'avril au cœur du saint lit ! Joie
Des chantiers riverains à l'abandon, en proie
Aux soirs d'août qui faisaient germer ces pourritures !

Qu'elle pleure à présent sous les remparts : l'haleine
Des peupliers d'en haut est pour la seule brise.
Amis, c'est la nappe, sans reflets, sans source, grise —
Un vieux dragueur, dans sa barque immobile, peine.

V

Jouet de cet œil d'eau morne, je n'y puis prendre,
O canot immobile ! ô bras trop courts ! ni l'une
Ni l'autre fleur ; ni la jaune qui m'importune,
Là ; ni la bleue, amis, à l'eau couleur de cendre.

Ah ! la poudre des saules qu'une aile secoue !
Les roses des roseaux dès longtemps dévorées !...
Mon canot toujours fixe ; et sa chaîne tirée
Au fond de cet œil d'eau sans bords — à quelle boue ?

Est-elle almée ?... aux premières heures bleues
Se détruira-t-elle comme les fleurs feues...
Devant la splendide étendue où l'on sente
Souffler la ville énormément florissante !

C'est trop beau ! c'est trop beau ! mais c'est nécessaire
— Pour la Pêcheuse et la chanson du corsaire,
Et aussi puisque les derniers masques crurent
Encore aux fêtes de nuit sur la mer pure !

Juillet 1872.

FÊTES DE LA FAIM

Ma faim, Anne, Anne,
Fuis sur ton âne.

Si j'ai du goût, ce n'est guères
Que pour la terre et les pierres
Dinn! dinn! dinn! dinn! Mangeons l'air,
Le roc, les terres, le fer,
    Charbons.

Mes faims, tournez. Paissez, faims,
    Le pré des sons!
Attirez le gai venin
    Des liserons;

' Variante de la pièce page 130 (saison en enfer).

Mangez les cailloux qu'un pauvre brise,
Les vieilles pierres d'églises,
Les galets, fils des déluges,
Pains couchés aux vallées grises !

Mes faims, c'est les bouts d'air noir ;
    L'azur sonneur ;
— C'est l'estomac qui me tire,
    C'est le malheur.

Sur terre ont paru les feuilles :
Je vais aux chairs de fruit blettes.
Au sein du sillon je cueille
La doucette et la violette.

    Ma faim, Anne, Anne !
    Fuis sur ton âne.

Août 1872.

PROSE

I

FAIRY

Pour Hélène se conjurèrent les sèves ornementales dans les ombres vierges et les clartés impassibles dans le silence astral. L'ardeur de l'été fut confiée à des oiseaux muets et l'indolence requise à une barque de deuils sans prix par des anses d'amours morts et de parfums affaissés.

Après le moment de l'air des bûcheronnes à la rumeur du torrent sous la ruine des bois, de la sonnerie des bestiaux à l'écho des vals, et des cris des steppes.

Pour l'enfance d'Hélène frissonnèrent les fourrés et les ombres, et le sein des pauvres, et les légendes du ciel.

Et ses yeux et sa danse supérieurs encore aux éclats précieux, aux influences froides, au plaisir du décor et de l'heure uniques.

II

GUERRE

Enfant, certains ciels ont affiné mon optique, tous les caractères nuancèrent ma physionomie. Les phénomènes s'émurent. A présent l'inflexion éternelle des moments de l'infini des mathématiques me chassent par ce monde où je subis tous les succès civils respecté de l'enfance étrange et des affections énormes. Je songe à une guerre, de droit ou de force, de logique bien imprévne.

C'est aussi simple qu'une phrase musicale.

III

GÉNIE

Il est l'affection et le présent puisqu'il a fait la maison ouverte à l'hiver écumeux et à la rumeur de l'été, lui qui a purifié les boissons et les aliments, lui qui est le charme des lieux fuyant et le délice surhumain des stations. Il est l'affection et l'avenir, la force et l'amour que nous, debout dans les rages et les ennuis, nous voyons passer dans le ciel de tempête et les drapeaux d'extase.

Il est l'amour, mesure parfaite et réinventée, raison merveilleuse et imprévue, et l'éternité : machine aimée des qualités fatales. Nous avons tous eu l'épouvante de sa concession et de la nôtre : ô jouissance de notre santé, élan de nos facultés, affection égoïste et passion pour lui, lui qui nous aime pour sa vie infinie...

Et nous nous le rappelons et il voyage... Et si

l'Adoration s'en va, sonne, sa promesse sonne :
« Arrière ces superstitions, ces anciens corps, ces
ménages et ces âges. C'est cette époque-ci qui a sombré ! »

Il ne s'en ira pas, il ne redescendra pas d'un ciel,
il n'accomplira pas la rédemption des colères de
femmes et des gaîtés des hommes et de tout ce péché :
car c'est fait, lui étant, et étant aimé.

O ses souffles, ses têtes, ses courses ; la terrible célérité de la perfection des formes et de l'action.

· O fécondité de l'esprit et immensité de l'univers !

Son corps ! Le dégagement rêvé le brisement de la
grâce croisée de violence nouvelle ! sa vue, sa vue !
tous les agenouillages anciens et les peines *relevés* à
sa suite.

Son jour ! l'abolition de toutes souffrances sonores
et mouvantes dans la musique plus intense.

Son pas ! les migrations plus énormes que les
anciennes invasions.

O Lui et nous ! l'orgueil plus bienveillant que les
charités perdues.

O monde ! et le chant clair des malheurs nouveaux !

Il nous a connus tous et nous a tous aimé.
Sachons, cette nuit d'hiver, de cap en cap, du pôle
tumultueux au château, de la foule à la plage, de

regards en regards, forces et sentiments las, le héler et le voir, et le renvoyer, et sous les marées et au haut des déserts de neige, suivre ses vues, ses souffles, son corps, son jour.

IV

JEUNESSE

I

DIMANCHE

Les calculs de côté, l'inévitable descente du ciel, la visite des souvenirs et la séance des rythmes occupent la demeure, la tête et le monde de l'esprit.

— Un cheval détale sur le turf suburbain, le long des cultures et des boisements, percé par la peste carbonique. Une misérable femme de drame, quelque part dans le monde, soupire après des abandons improbables. Les desperadoes languissent après l'orage, l'ivresse et les blessures. De petits enfants étouffent des malédictions le long des rivières.

Reprenons l'étude au bruit de l'œuvre dévorante qui se rassemble et remonte dans les masses.

II

SONNET

Homme de constitution ordinaire, la chair n'était-elle pas un fruit pendu dans le verger, ô journées enfantes ! le corps un trésor à prodiguer ; ô aimer, le péril ou la force de Psyché ? La terre avait des versants fertiles en princes et en artistes, et la descendance et la race nous poussaient aux crimes et aux deuils : le monde votre fortune et votre péril. Mais à présent, ce labeur comblé, toi, tes calculs toi, tes impatiences, ne sont plus que votre danse et votre voix, non fixées et point forcées, quoique d'un double événement d'invention et de succès une raison, en l'humanité fraternelle et discrète par l'univers sans images ; — la force et le droit réfléchissent la danse et la voix à présent seulement appréciées.

III

VINGT ANS

Les voix instructives exilées... L'ingénuité physique amèrement rassise... Adagio. Ah ! l'égoïsme infini de l'adolescence, l'optimisme studieux : que le monde était plein de fleurs cet été ! Les airs et les formes mourant... Un chœur, pour, calmer l'impuissance et l'absence ! Un chœur de verres de mélodies nocturnes... En effet les nerfs vont vite chasser.

IV

Tu en es encore à la tentation d'Antoine. L'ébat du zèle écourté, les tics d'orgueil puéril, l'affaissement et l'effroi. Mais tu te mettras à ce travail : toutes les possibilités harmoniques et architecturales s'émouvront autour de ton siège. Des êtres parfaits, imprévus, s'offriront à tes expériences. Dans tes environs affluera rêveusement la curiosité d'anciennes foules et de luxes oisifs. Ta mémoire et tes sens ne seront que la nourriture de ton impulsion créatrice. Quant au monde, quand tu sortiras, que sera-t-il devenu ? En tout cas, rien des apparences actuelles.

V

SOLDE

A vendre ce que les Juifs n'ont pas vendu, ce que noblesse ni crime n'ont goûté, ce qu'ignorent l'amour maudit et la probité infernale des masses ; ce que le temps ni la science n'ont pas à reconnaître :

Les voix reconstituées ; l'éveil fraternel de toutes les énergies chorales et orchestrales et leurs applications instantanées, l'occasion, unique, de dégager nos sens !

A vendre les corps sans prix, hors de toute race, de tout monde, de tout sexe, de toute descendance ! Les richesses jaillissant à chaque démarche ! Solde de diamants sans contrôle !

A vendre l'anarchie pour les masses ; la satisfaction irrépressible pour les amateurs supérieurs ; la mort atroce pour les fidèles et les amants !

SOLDE

A vendre les habitations et les migrations, sports, féeries et conforts parfaits, et le bruit, le mouvement et l'avenir qu'ils font !

A vendre les applications de calcul et les sauts d'harmonie inouïs. Les trouvailles et les termes non soupçonnés, possession immédiate.

Elan insensé et infini aux splendeurs invisibles aux délices insensibles, et ses secrets affolants pour chaque vice, et sa gaîté effrayante pour la foule.

A vendre les corps, les voix, l'immense opulence inquestionnable, ce qu'on ne vendra jamais. Les vendeurs ne sont pas à bout de solde ! Les voyageurs n'ont pas à rendre leur commission de sitôt !

TABLE

Préface ix
Notes de l'éditeur. xxiii
Les étrennes des orphelins 1
Voyelles 7
Oraison du soir. 8
Les assis. 9
Les effarés. 12
Les chercheuses de poux 15
Bateau ivre 17
Premières communions. 23
L'orgie parisienne ou Paris se repeuple 31
Accroupissements. 36
Les pauvres à l'église. 39
Ce qui retient Nina. 42
Vénus Anadyomène 49
Morts de quatre-vingt-douze. 50
Comédie en trois baisers 51
Sensation 53
Bal des pendus. 54

Roman. 57
Rages de Césars. 60
Le mal. 61
Ophélie 62
Le châtiment de Tartufe 65
A la musique. 66
Le forgeron 69
Soleil et chair 77
Le dormeur du Val. 84
Au Cabaret-Vert 85
La Maline 86
L'éclatante victoire de Sarrebruck. 87
Rêvé pour l'hiver. 89
Le buffet. 90
Ma bohême. 91
Entends comme Brame. 92
Chant de guerre parisien 94
Mes petites amoureuses. 96
Les poètes de sept ans 99
Le cœur volé. 103
Tête de faune. 105
Poison perdu. 106
Les corbeaux. 107
Patience 109
Jeune ménage 111
Mémoire 113
... Est-elle almée ? 116
Fêtes de la faim (variante) 117

PROSE

Fairy 121
Guerre. 122
Génie 123

TABLE

Jeunesse
  I. Dimanche. 126
  II. Sonnet 127
  III. Vingt ans 128
  IV. Tu en es encore 128
Solde 130

ÉVREUX, IMPRIMERIE DE CHARLES HÉRISSEY

CPSIA information can be obtained
at www.ICGtesting.com
Printed in the USA
LVHW081520160323
741776LV00004B/138